I0758006

À PROPOS DE LA CATALOGNE

Gentil Puig-Moreno

À PROPOS DE LA CATALOGNE

Contexte historique et situation actuelle

A mes amis de Brocéliande et de Rennes,
de Chemins de Mémoire Sociale
de Champigny, de Paris et d'ailleurs,
qui se retouveront.

TABLE DES MATIÈRES

Préface

Le combat des Catalans et l'avenir de l'Europe

Henri Giordan

La revendication d'indépendance de la Catalogne a posé, en cette fin d'année 2017, une question essentielle pour la construction démocratique de l'Union européenne.

Cette dimension du problème catalan n'a guère été perçue par l'opinion française. L'une des spécialistes les plus reconnues des questions régionales en Espagne, Barbara Loyer, présidente de l'Institut français de géopolitique de l'université de Paris VIII, n'a pas hésité à conforter cette ignorance dans les médias en estimant, par exemple, que « c'est le système démocratique espagnol qui est attaqué par les responsables de *la Generalitat* ». Les proclamations de ce type, foisonnantes dans la presse française, recouvrent en fait un refus de voir les dimensions politiques et culturelles du problème posé par la revendication catalane.

Les attendus de la question catalane sont totalement ignorés par les hommes et femmes politiques français. Quelques exemples suffiront à mesurer cet abîme d'ignorance. Les républicains ont jugé, avec le sénateur Philippe Bas, que la fin des grandes nations européennes représenterait « la mort de l'Europe-puissance et le déclin ». Anne Hidalgo, maire de Paris et vaguement socialiste, estime : « Ce désir d'indépendance est pour moi quelque chose de très dangereux pour l'Espagne et même pour l'Europe ». N'insistons pas !

D'une façon plus générale, les commentateurs français ne parviennent pas à mettre en perspective historique la volonté d'indépendance des Catalans. Ils restent prisonniers d'une grille intellectuelle qui confond désir d'autonomie et régression identitaire ou égoïsme d'une région prospère. Ainsi l'économiste Thomas Piketty n'a cure de ces raisons historiques et voit les origines de cette volonté indépendantiste dans un égoïsme économique, concluant de façon péremptoire : « C'est en mettant la solidarité et le développement équilibré au cœur de ses pratiques que l'Europe pourra s'opposer aux séparatismes »[1]. Les intellectuels qui comprennent le sens de ces événements se comptent sur les doigts de la main. L'historienne Phryné Pigenet publie dans *le Monde* un excellent article qui explique que « la "révolte catalane" participe d'un large mouvement démocratique et pacifique, irréductible au "séparatisme", mais favorable à la libération des prisonniers politiques et au respect du droit pour la Catalogne de décider de son destin »[2]. Mais il s'agit là de l'intervention occasionnelle d'une spécialiste. Michel Feltin-Palas est bien le seul journaliste professionnel qui porte de façon constante dans *l'Express* une attention exceptionnelle aux questions concernant les revendications régionalistes. Il analyse ainsi, dès septembre 2017, avec lucidité les raisons pour lesquelles

---

1 « Thomas Piketty : au cœur de la "crise catalane", les « nouvelles règles de décentralisation fiscale », *Le Monde,* 11 novembre 2017.

2 Phryné Pigenet, « La "révolte catalane" participe d'un large mouvement démocratique », *Le Monde,* 21 décembre 2017.

Paris est contre le référendum d'autodétermination en Catalogne : mépris du régionalisme perçu comme réactionnaire, « synonyme de repli sur soi, voire de xénophobie »[3].

Les réactions françaises devant ces événements qui concernent un État, l'Espagne, et un peuple, le peuple catalan, témoignent d'une absence de culture historique et politique. Cet État et ce peuple sont très proches de nous et nous pourrions nous souvenir que des liens étroits nous unissent à la Catalogne depuis des siècles. Nous ne devrions pas oublier qu'une partie de son territoire est devenu français en 1659 lorsque Louis XIV et Philippe IV s'entendent pour rattacher au Royaume de France la région qui correspond aujourd'hui au département des Pyrénées-Orientales, dont la préfecture est Perpignan. Un minimum de mémoire aurait pu nous rappeler que nombreux ont été les Français qui ont lutté et ont fait le sacrifice de leur vie auprès des Catalans dans le combat contre le fascisme franquiste. Nous ne prétendons pas demander à l'opinion française de nous souvenir que le peuple catalan a su, sous la dictature même maintenir l'usage de sa langue et dès la fin de la dictature, élaborer une loi de normalisation linguistique. Nous ne prétendons pas que les Français se souviennent que c'est la Catalogne qui a donné à la culture universelle de grands artistes qu'ils admirent, de Joan Miró à Antoni Gaudí, d'Antoni Tàpies à Pablo Casals.

---

3 Michel Feltin-Palas, « Autodétermination en Catalogne : pourquoi Paris est contre », *L'Express,* 29 septembre 2017.

Nous ne prétendons pas que nos élites soient familières d'une littérature qui compte parmi les grandes littératures d'Europe, de Ramon Llull à Salvador Espriu et Jaume Cabré…

Dans ce cadre culturel français, on aurait pu s'attendre à de fortes réactions des intellectuels et militants régionalistes. Hélas ! Les années 1960-1980 sont loin… Avec Robert Lafont et bien d'autres, la renaissance de la culture catalane stimulait alors les Occitans dans leur démarche de connaissance et de reconquête de leur langue. L'école de sociolinguistique catalane, initiée par les Valenciens Lluís V. Aracil et Rafael Ll. Ninyoles et les Barcelonais Antoni Badia i Margarit et F. Vallverdú, était alors une source d'inspiration pour la recherche et l'action occitanes. Nous étions alors fascinés par la créativité et le dynamisme culturel et politique barcelonais. La jeunesse occitane vibrait d'enthousiasme aux chansons de Raimon, de Maria del Mar Bonet et voyait dans *L'estaca,* chantée par Lluis Llach, une stimulation pour l'action collective de libération de sa propre culture :

Si jo l'estiro fort per aquí / i tu l'estires fort per allà, / segur que tomba, tomba, tomba / i ens podrem alliberar.

[Et si je tire fort par ici / Et si tu tires fort par là / sûr qu'il tombe, tombe, tombe / et nous pourrons nous libérer

Dans ces années 1960-1980, des intellectuels de premier plan, d'Yves Person à Yvon Bourdet, de Robert Lafont à Richard Marienstras, articulaient les revendications culturelles des peuples de France, des Basques et des Bretons aux Corses, Occitans ou Alsaciens, à une véritable révolution régionaliste et à un approfondissement de la démocratie.

Aujourd'hui, seuls quelques militants et intellectuels isolés manifestent une compréhension réelle de la dimension du problème posé par les Catalans. On peut citer ici le député Paul Molac, bien seul au sein du groupe macronien, qui se demandait sur son blog « Que feront ces peuples de leur pouvoir retrouvé ? Resteront-ils au sein de l'Europe ou participeront-ils à sa fragmentation ? Comment organiserons-nous la solidarité entre ces États et la nécessaire péréquation entre régions riches et régions pauvres de l'Europe ? La fragmentation de l'Europe serait mortelle, mais la négation des peuples dans les États-nations pose un vrai problème démocratique »[4]. Il faut lire les analyses très précises, résolument engagées et documentées de Jean-Pierre Cavaillé dans son blog *Mescladis e còps de gula*[5]. David Grosclaude propose de son côté sur son blog « Catalogne : et si nos régions allaient à Bruxelles pour défendre la démocratie »[6].

Mais ces prises de position ne sont pas soutenues par des manifestations importantes, les rassemblements, à Toulouse, Montpellier ou Nice ne mobilisent qu'un petit nombre de militants. Les Corses et les Bretons se sont

---

4 Paul Molac, «Réflexions sur la situation en Catalogne» 18-10-2017. En ligne.
5 Jean-Pierre Cavaillé, « Halte au péril catalan ! », 12 -10-2017. En ligne.
6. 7-11- 2017. En ligne.

exprimés avec force, mais le bilan est bien maigre. Des meetings réunissant au mieux quelques centaines de personnes ont eu un écho très limité. En réalité, les mouvements régionalistes semblent craindre de trop s'engager. Ils paraissent redouter, en se prononçant trop clairement pour la légitimité du combat du peuple catalan, de perdre les rares acquis culturels qu'ils ont obtenus de haute lutte durant le demi-siècle écoulé. Ces interventions et ces analyses sont souvent remarquables, mais elles restent confidentielles. Les régionalistes français ont échoué à faire entendre leur voix et à peser sur un débat français dominé par l'ignorance des « élites » parisiennes. Et pourtant ! Les événements de Catalogne de l'automne 2017 qui se poursuivent depuis revêtent une signification et une portée politique qui doit retenir toute notre attention.

De nombreux représentants de la presse européenne ont redouté l'impact du vote catalan dans les autres régions animées par des aspirations indépendantistes. Jean-Claude Juncker a agité en octobre 2017 devant les étudiants luxembourgeois l'épouvantail d'un émiettement de l'Europe pour condamner la volonté d'indépendance catalane « Je ne veux pas d'une Union européenne qui comprendrait 98 États ». En réalité, rien de tel ne menace l'Union européenne. Pour que cela soit envisageable, il faut que telle ou telle région ait un parti indépendantiste majoritaire. Cette situation est très rare. Le seul cas où il existe un parti indépendantiste fort depuis plusieurs années est l'Écosse. La majorité en Corse, par exemple, est autonomiste, mais absolument pas sur un projet indépendantiste. En Flandre, les indépendantistes sont loin d'être majoritaires…

En réalité, il n'y a en Europe que deux « régions » qui sont en mesure d'accéder effectivement à l'indépendance, l'Écosse et la Catalogne. Il est bien évident que, pour l'Europe, passer de 28 États à 29 ou 30 ne poserait aucun problème. Les États-Unis avec 350 millions d'habitants sont constitués de 50 États petits ou grands. L'Europe avec plus de 500 millions d'habitants en compte une vingtaine de moins… Le danger de balkanisation de l'Union européenne n'existe pas. Ces dernières années, la République Tchèque et la Slovaquie se sont séparées sans drame et font partie de l'Union Européenne. La constitution des États issus de l'ex-Yougoslavie a été plus dramatique, mais deux d'entre eux font partie de l'Union Européenne, la Slovénie et la Croatie, et six aspirent à s'y intégrer, l'Albanie, la Bosnie-Herzégovine, le Kosovo, la Macédoine, le Monténégro et la Serbie.

La question n'est pas une menace d'éclatement de l'Union européenne. Ce qui suscite ces réactions c'est le fait que les volontés d'indépendance de l'Écosse ou de la Catalogne mettent en question le sacro-saint dogme de l'intégrité territoriale de nos vieux États-nations.

Pour comprendre la portée réelle de cette volonté, il faut la replacer dans l'évolution générale de notre époque qui est caractérisée par une érosion des pouvoirs des États. La seule voie pour construire les pouvoirs démocratiques de l'avenir passe par l'instauration de nouveaux pouvoirs transnationaux et locaux. Pour ce qui nous concerne, l'urgence est d'abord de rendre possible la construction démocratique d'une Europe dont il convient de définir les contours. Elle est ensuite de trouver les moyens d'instituer des pouvoirs locaux répondant aux aspirations nouvelles de gestion démocratiques des territoires. Cet ensemble géopolitique nouveau devra dessiner un développement respectueux des exigences environnementales et culturelles qui se sont imposées dès la fin du XXe siècle. Ainsi que le souligne l'essayiste indo-britannique Rana Dasgupta : « Nous sommes devant un défi de l'imagination politique aussi importante que celle qui a produit les grands idéaux du dix-huitième siècle et, avec eux, la République française et la République américaine »[7].

Que ce soit au niveau de la création de pouvoirs transnationaux, la création d'une Europe réellement démocratique, ou au niveau de la redéfinition d'espaces de souveraineté locale, nous devrons prendre en compte les exigences actuelles du développement. Parmi ces exigences, la nécessité d'agir pour que la diversité linguistique ne disparaisse pas dans un proche avenir s'impose désormais avec force. L'action se situe au niveau international et la nécessité d'engagements européens précis a été l'objet de plusieurs textes importants adoptés ces dernières années par différentes instances européennes et tout particulièrement par le Parlement. L'importance de l'action au niveau local est aujourd'hui l'objet de réflexions novatrices. Il ne s'agit plus de conserver une mémoire ancestrale ou de glorifier un passé révolu. Il s'agit, dans une dynamique d'avenir, d'utiliser cette mémoire pour inventer des ressources nouvelles. La récente *Déclaration de Hangzhou* de l'UNESCO (2013) nous encourage à préciser ces perspectives en nous enjoignant de « Mettre la culture au cœur des politiques de développement durable ».

---

7 Dasgupta, R. (2018) « La fine degli stati », *Internazionale,* Roma (4 maggio 2018), pp.42–50.

Ces nouvelles perspectives de développement postulent un rôle nouveau des instances de décision régionales. La structure excessivement centralisée des États-nations dont la France offre le modèle le plus abouti appartient désormais au passé. Il ne sera pas possible de mettre en œuvre ces nouvelles perspectives de développement culturel, sociétal et économique sans en finir avec les États centralisés. Cela ne veut évidemment pas dire que l'Europe dont la perspective démocratique se dessine aujourd'hui implique une désagrégation des États-nations qui la composent. Il est indispensable en revanche que ces États acceptent de se refonder en faisant toute leur place aux pouvoirs locaux et régionaux.

Ce n'est pas autre chose que l'actuelle revendication d'autonomie de la Corse place en perspective. Il est évident que le découpage régional absurde que la France a connu, sous la présidence de François Hollande, par une volonté d'État ignorant les procédures les plus élémentaires de la démocratie, ne va pas du tout dans ce sens. Il a été notamment absurde de priver l'Alsace de son espace historique, de ne pas créer une Bretagne fusionnée avec les Pays de la Loire. La création d'une région Occitanie témoigne de l'absence flagrante de culture des responsables politiques et crée une regrettable confusion avec l'espace de la langue occitane, de Bordeaux et Limoges à Nice et de Clermont-Ferrand à Marseille.

La revendication d'autonomie de la Catalogne s'inscrit dans cette logique historique. Sans la sclérose des pouvoirs espagnols, nostalgiques de l'époque franquiste, il n'est pas certain que celle-ci aurait revendiqué avec autant de force son indépendance. Mais cela reste d'importance secondaire et finalement anecdotique. Ce qui est essentiel, c'est que l'Europe, l'Espagne, la France inventent, de façon démocratique, les meilleures formules politiques pour répondre aux aspirations des peuples, des Alsaciens, des Bretons, des Catalans, des Corses, des Occitans à développer leurs territoires, leurs cultures et leurs langues propres.

Le recueil d'études que nous propose Gentil Puig-Moreno nous permet d'appréhender de façon très précise le contenu des débats concernant l'avenir de la Catalogne. On y lira en contrepoint, bien des problématiques françaises, les attendus de l'incompréhension dont l'opinion française fait preuve vis-à-vis de la Catalogne comme l'analyse très précise de réalités sociolinguistiques souvent trop vite occultées. Des analyses sociolinguistiques, aux témoignages personnels et aux perspectives politiques, ce petit livre stimule nos interrogations et nous invite à approfondir notre connaissance de ce peuple si proche et que l'idéologie française nous empêche trop souvent de regarder comme un peuple frère, alors qu'il a bien failli n'être qu'un avec le peuple occitan, aujourd'hui constitutif de la nation française.

Avant-propos

En ces temps incertains pour l'avenir de la Catalogne, mais paradoxalement, au moment où l'on n'en a jamais autant parlé en Europe et dans le monde, il est sans doute opportun de se poser quelques questions, et essayer d'y répondre en avançant quelques jalons historiques et des éléments contextuels afin de contribuer à leur compréhension.

C'est ce que nous avons tenté de faire à partir de ces textes traitant de la langue, de la culture et, bien évidemment, de la politique, au sens large du terme. De la langue tout d'abord, sous l'angle de la sociolinguistique, c'est-à-dire de l'usage de la langue dans la société, de la culture ensuite, sous tous ces aspects, anthropologiques, traditionnels et modernes, puis de la politique, conçue comme un renversement des politiques traditionnelles, des perspectives et des certitudes idéologiques.

Certains chapitres sembleront présenter des thèmes n'ayant trait que marginalement au sujet de la Catalogne. Ils ne suivent pas toujours un enchaînement chronologique, et présentent une lecture décalée. Cependant, ils contribuent, eux aussi, à la contextualisation globale des idées, et au décodage des attitudes, au sens de la psychologie sociale, bien plus que celui de l'histoire des mentalités du XIXe siècle.

Citons par exemple le chapitre qui porte sur *Paul Berthelot, un jeune espérantiste de passage à Céret* (Roussillon) *de*

1903 à 1907, il apporte un éclairage particulier sur les attitudes culturelles et politiques de certains jeunes militants, français et catalans, et internationalistes de l'époque. Ou encore, celui traitant du *Culte de Mithra et des corridas à Céret,* qui renvoie indirectement, à l'interdiction des corridas votée par le Parlement de Catalogne en 2010. La plupart des textes apportent un éclairage significatif sur des aspects des comportements socioculturels des citoyens catalans.

Certains textes permettent une approche contrastée entre la société catalane et la société française, entre une vision unitaire de la nation, et une conception plus inclusive, ou moins *ethnocentrée*; entre une langue classique et hautement normalisée depuis le XVIIe siècle (le français), et une langue romane, dont la norme est plus récente, fin XIXe siècle, respectueuse de ses dialectes (le catalan). En définitive, deux visions du monde de deux pays voisins, et cependant différents, mais toujours respectueux, l'un de l'autre.

I- Les identités collectives en Catalogne[8]

Centre d'Études catalanes.
La Sorbonne, Paris, 1995

"Sans son ouverture à l'Autre, une culture particulière est une prison de l'en soi, un repliement étouffant, un ressassement stérile, une castration-volontaire. Sans reconnaissance de l'autre, une culture dite universelle n'est qu'une tyrannie, une injustice entretenue, un impérialisme».

Robert Lafont, *nous peuple européen*

Introduction: la Catalogne, l'Espagne et L'Europe

Dans ce chapitre, nous allons nous référer à des approches tantôt historiques, et sociolinguistiques, tantôt culturelles et anthropologiques afin d'analyser les contours et les implications de la déconstruction/reconstruction de l'identité culturelle et nationale. Bien que spécialiste en sciences du langage et en sociolinguistique nous allons tenter d'utiliser une réflexion interdisciplinaire et intégratrice.

---

[8] Puig-Moreno, G. (1995): *Le jeu des identités collectives en Catalogne,* Colloque International: *Le Discours sur la nation en Catalogne aux XIXe et XXe siècles.* Marie-Claire Zimmerman. Centre d'Études Catalanes, La Sorbonne, Paris.

Situons tout d'abord ce que nous entendons par Europe dans la perspective de la Catalogne dans l'optique d'une nation minoritaire et *différentialiste*, au sens anthropologique, c'est à dire, ne visant pas l'assimilation, mais une intégration flexible.

Dans cette optique, l'Europe est perçue pas les Catalans comme un espace supranational en construction dynamique et un projet d'avenir pour les peuples, au-delà (ou en deçà) des États. Et, dans ce rapport à l'Europe, ils sont constamment contraints de différencier ce qu'ils entendent par peuple, par nation et par État.

Précisons également ce que nous concevons par espace national catalan et par espace étatique espagnol. Depuis 1978, la Catalogne est une Communauté autonome intégrée dans l'État espagnol conformément à l'organisation territoriale issue de la Constitution espagnole acceptée par l'ensemble des forces politiques en 1978. Elle possède une Iangue et une culture propres (ayant une histoire parallèle aux langues de l'ensemble roman), qui lui confèrent une personnalité spécifique dans l'ensemble espagnol. Le peuple catalan a du mener un long combat pour la reconnaissance de ses droits, depuis la seconde moitié du XIXe siècle, elle a activement participé à la révolution industrielle et culturelle, ainsi qu'à toutes les tentatives de démocratisation de l'État espagnol, jusqu'à la chute du régime franquiste en 1977.

Pendant la transition démocratique de 1977 à 1981, un modèle de structuration des différentes nationalités et régions s'est consolidé en Espagne. Ce nouvel État espagnol s'est doté de dix-sept Communautés autonomes possédant chacune un Parlement et des lois spécifiques. Quatre d'entre elles sont reconnues comme des nationalités historiques, tandis que les treize autres sont dites régionales. Certaines communautés possèdent une langue différente du castillan[9], qui demeure la langue officielle de l'État. Couronnant la structure des autonomies, le Sénat constitue la chambre de représentation territoriale.

Cependant, en Europe et spécialement en France, certains observateurs critiques et universalistes pourraient voir dans le modèle autononomiste espagnol un anachronisme. En revanche, de nombreux Catalans et Basques pensent qu'il y a deux façons complémentaires de construire l'Europe: à partir des États préexistants, mais aussi et surtout à partir des nations sans État et des peuples qui sont parfois à cheval sur la frontière de deux États, comme c'est précisément le cas de la Catalogne, du Pays basque et de bien d'autres territoires européens. La construction récente des eurorégions répond d'ailleurs à ces situations particulières.

Par ailleurs, il est préoccupant de voir certains pays de l'Europe de l'Est se recentrer sur leurs identités nationales, alors qu'à l'Ouest nous en serions à les dépasser dans la perspective de la construction d'une unité supranationale européenne. Dans les « pays de l'Est » le nationalisme a pris, pour de multiples raisons historiques anciennes et récentes, des formes souvent distortionnées

---

9 Puig-Moreno, G. (1992): *Situation sociolinguistique des langues de l'État espagnol*, dans H. Giordan (coord.) Actes du Colloque International Droits linguistiques, droits de l'Homme, Conseil de l'Europe, Strasbourg. Editions Kimé/PUF

et crispées, remplissant un vide laissé par l'idéologie totalitaire.

Admettons en même temps que le projet de construction et d'élargissement de l'Union européenne ne fait pas toujours ni partout l'unanimité, et que des résistances de plus en plus fortes ont émergé (les eurosceptiques) et s'accumulent avec de nombreux retours en arrière et des replis sur les identités nationales de certains peuples de l'Europe occidentale ayant le plus souvent une forte composante d'ethnocentrisme.

Nationalisme, ethnicité et minorités en Europe

Dans une perspective générale, ce qui semblait être en jeu dans une étape historique encore récente était l'affaiblissement des idéologies nationalistes des pays occidentaux, alors que nous assistions simultanément *à la formidable montée de l'ethnicité* selon la célèbre formule du sociologue Alain Touraine[10]. De son côté, le sémiologue Umberto Eco[11] se demande si l'idée même d'État central ne serait pas devenue caduque en raison de la construction européenne et de la multiplication des langues officielles en Europe. En tout état de cause, une redistribution des niveaux de pouvoir territorial et politique semble se dessiner à cause ou grâce à l'élargissement de l'Union européenne.

---

[10] Touraine, A. (1990): *À propos de l'ethnicité.* Intégration locale des populations d'origine immigrée en Europe, Agence ADRI. Paris.

11 Eco, U. (1994): *La recherche de la langue parfaite. Faire l'Europe.* Le Seuil, Paris, 448

En Europe occidentale, l'ethnicité serait la prise en charge des identités territoriales et historiques, culturelles, régionales et/ou nationales (Alsace, Bretagne, Corse, Catalogne, Galice, Pays basque, Occitanie, Pays de Galles, Écosse, Ulster, Frise, Lombardie, Sardaigne, Frioul, Aoste, etc.) longtemps minorisées ou folklorisées et soumises à la culture dominante des États-nations plus ou moins centralisés. Il s'agit donc de l'autre Europe, oubliée, acculturée, et cependant encore riche de mille traditions, ou les *Europes* selon le titre de l'œuvre collective dirigée par Robert Lafont[12].

Il ne s'agit pas d'un phénomène concernant seulement les minorités ethniques, mais de questions territoriales et culturelles irrésolues depuis plus d'un siècle et demi, qui ont provoqué et provoquent encore de multiples distorsions et dysfonctionnements identitaires. Nul n'est à l'abri des dérives balkaniques. Mais le fait qu'elles existent sous nos yeux, et d'une manière dramatique, devraient constituer un antidote, un élément de dissuasion contre toute inflation ethnocentriste. Aussi, comme nous l'avancions, les Catalans sont-ils contraints de redéfinir sans cesse ce qu'ils entendent par nation, nationalisme, ethnie, langue, culture et identité. Le désir d'indépendance et d'État, comme c'est le cas pour les Slovaques, a été, dans une certaine mesure, pondéré en Catalogue par la restauration de la *Generalitat*. Elle représente une forme relative d'État qui, dans la période actuelle (1995), semble satisfaire les Catalans. À ce propos,

---

[12] Lafont, R. (Coord. 1994.): *Les Europes*. Pen Club de Langue d'Oc, Casalini Libri, Firenze, Columna Edicions, Barcelona, Cymru, University of Wales Press.

Alain Minc[13], au cours d'une conférence prononcée à *l'Institut catalan d'Études méditerranéennes* de Barcelone, nous prodigait quelques conseils. Et selon lui, la Catalogne possède tout ce qu'il faut pour accéder à l'indépendance, mais il nous conjurait de ne pas effectuer ce choix. Il y voyait un danger estimant que, dans l'étape historique actuelle, il est préférable de collaborer avec le gouvernement de Madrid ...

En Espagne, depuis la transition démocratique, l'articulation entre ces deux réalités centripète et centrifuge, selon la formule du philosophe espagnol Ortega y Gasset[14], de 1921 a débouché sur un État autonomiste qui, comparé à d'autres États voisins, présente certains avantages, mais aussi des incertitudes, car certaines forces politiques désirent revenir sur les acquis et freiner la consolidation des autonomies. La question centrale étant de savoir si I'on peut revenir sur un des acquis fondamentaux de la jeune démocratie espagnole, c'est-à-dire, le système généralisé des autonomies régionales et/ou nationales.

Pour bien comprendre cette situation paradoxale, il n'est qu'à observer, aujourd'hui encore, l'existence à la périphérie de la Péninsule ibérique d'une grande diversité de cultures et d'identités bien différenciées comme celles de la Galice, du Pays basque, de la Catalogne, des Baléares, de Valence ou encore de l'Andalousie. L'autonomie andalouse n'étant pas la moins intéressante à analyser du point de vue de la prise de conscience culturelle et identitaire, grâce à la rediffusion des travaux de Blas Infante[15], l'idéologue de

---

[13] Minc, A. (1993): *Défis méditerranéens à l'Horizon 2010*. Institut Catalan d'Études Méditeranéennes, Barcelone.

[14] Ortega y Gasset, J. (1921): *España invertebrada*. Revista de Occidente, Madrid

l'andalousisme. Les raisons de cette diversité ethnique,
nationale et culturelle sont diverses; l'une des plus
profondes provient du développement inégal de
l'industrialisation et du capitalisme dans la péninsule, à
partir de la deuxième moitié du XIXe siècle.

Contrairement aux pays industrialisés de l'Europe
occidentale, qui ont vécu les migrations internes à partir de
la seconde moitié du XIXe siècle, ce n'est que plus
récemment (1960-70) que l'Espagne a connu un
déplacement de populations considérable, provenant du sud
de la péninsule qui avaient pour destination les zones
industrialisées (Catalogne, Pays basque, Madrid).

Les populations péninsulaires déplacées sont
aujourd'hui relativement bien intégrées dans les zones à
croissance économique rapide de l'Espagne. Lors de la
transition démocratique, elles ont activement participé aux
revendications démocratiques globales et surtout dans les
contextes basque et catalan[16]. Soulignons que dans ces deux
cas, il s'agit d'identités nationales qui ne se sont pas
opposées au développement démocratique; bien au
contraire, une intégration positive de ces populations s'est
opérée.

---

15 Blas Infante, P. (1914): *EL ideal andaluz, estudios acerca del Renacimiento de Andalucia*. Réédité en 1982 par la *Consejería de cultura de la Junta de Andalucia*.

[16] Puig-Moreno, G. (1992): *Attitudes identitaires des secondes générations andalous en Catalogne*. Identité, Culture et Changement social. Actes ARIC. Sherbrooke (Québec), L'Harmattan, Paris.

L'identité nationale, culturelle et linguistique catalane

Les traits différentiels de l'identité catalane sont, selon l'historien Pierre Vilar[17]: la géographie, l'ethnie, la langue, le droit, l'histoire et la psychologie. Précisément, à ce propos, l'essayiste Rubert de Ventós[18] fait le constat suivant: « *Ce qui sauve la Catalogne de la plus pure irrationalité c'est qu'elle a su assurer un minimum de mémoire collective pour éviter tout recours au fondamentalisme* ».

L'aspect linguistique ne se limite pas à l'élaboration de la norme, mais insiste sur son usage social. La langue est ressentie par les Catalans comme l'élément vertébrateur de leur identité, selon les principes du philosophe allemand J. G. Herder[19]. En revanche, en France, à partir de la Révolution, puis avec les Lois Jules Ferry sur l'École laïque de 1881-82, l'État français va réussir la prouesse de l'unification linguistique et nationale de plusieurs peuples en un seul, contrairement à ce qui va se passer dans les pays voisins, Belgique, Allemagne, Suisse, Italie, et surtout en Espagne, où l'État n'a eu ni les mêmes objectifs ni les mêmes moyens pour y parvenir.

La question du modèle de construction de l'État moderne est ainsi posée. Les Catalans et les Basques admirent, bien évidemment, la philosophie des Lumières, les principes de la Révolution française et ceux des Droits

---

[17] Vilar, P. (1973): *Histoire de l'Espagne*, Editions PUF, Que sais-je ?, Paris, p. 71

[18] Rubert de Ventos, X. (1994): *Nacionalismos. El laberinto de la identidad*, Ed. Espasa Calpe. Madrid

[19] Herder, J.G. (1791): *Idées sur la philosophie de l'Histoire de l'humanité*. Réédition et traduction d'Edgar Quinet, Paris, Presses-Pocket, Agora, 1991.

de l'Homme, mais ils n'en sont pas moins opposés à la conception d'une République de citoyens égaux, mais abstraits. Une République fortement centralisée (une et indivisible) qui ne reconnaît ni les différences ethniques ni la légalité de leurs langues, mais qui impose à tous les citoyens une même et seule langue nationale (Art. 2 de la Constitution). Et si les Catalans sont conscients des dangers de la conception herdérienne de la nation basée sur une identité « profonde », ils sont séduits par l'idée du vitalisme culturel des peuples, et du rôle primordial de la langue, selon les principes de J. G. Herder. Les Catalans sont attirés par la conception d'un relativisme culturel et la créativité des cultures du modèle anthropologique de Lévi-Strauss[20]. Ils s'inclinent pour un modèle *différentialiste,* humaniste et ouvert conciliant tradition et modernité.

Mais finalement, durant la transition l'Espagne a abouti a des formations territoriales différenciées, dans lesquelles, ce qu'on appelle en France les régions recouvre des identités très marquées. C'est le cas en Catalogne et aussi au Pays basque, ce qui ne représente pas une difficulté pour elles, mais un avantage sur le plan linguistique, culturel et identitaire. En effet, posséder une langue propre, comme le catalan, n'exclut en rien d'en connaître une autre, en l'occurrence une langue à vocation internationale comme le castillan. Les deux langues sont à des titres différents, officielles et obligatoires dans l'enseignement primaire et secondaire. Pour les élèves, c'est une gymnastique linguistique bilingue et biculturelle qui est présente et développée, dès l'âge précoce de 4 ans, par l'ensemble de la population scolaire.

---

[20] Claude Lévi-Strauss (1983): *Le Regard éloigné,* Paris, Plon, p. 47.

C'est ainsi qu'il existe un potentiel linguistique considérable, et une aptitude à l'apprentissage des langues étrangères, dans la perspective européenne[21]. Le catalan est langue officielle et préférentielle face à une langue forte, le castillan (comme l'est le français au Québec face à l'anglais). Dans plus de 55% des centres scolaires privés et publics des secteurs primaires et secondaires, le catalan est langue véhiculaire prédominante et ce pourcentage à tendance à augmenter. 62% de la population souhaite que cet enseignement soit poursuivi en catalan selon les résultats d'une enquête du psycholinguiste Miguel Siguan[22].

Seulement 8% désirent que le catalan soit une matière optionnelle. Par conséquent, sur ce plan-là, rien de comparable à la situation française, italienne ou anglaise. Parmi les langues minoritaires d'Europe, le catalan est certainement le mieux implanté. Les travaux de Mercator[23] du *Bureau européen pour les Langues moins répandues* en attestant. Il faut préciser que par *langue minoritaire la mieux implantée* il faut entendre non seulement qu'elle possède un pourcentage de locuteurs habituels relativement élevé (de 55% à 60% selon les enquêtes), mais surtout, un usage effectif mesuré selon des indicateurs, dans les domaines de l'enseignement, des médias, de la culture et de

---

[21] Puig-Moreno, G. (1993): *Immigration et intégration ethnoculturelle en Catatogne* dans *Pluralité culturelle des systèmes éducatifs européens.* ARIE/CRDP de Lorraine. Nancy,

22 Siguan, M. (1993): Enquête du CIS (*Centro de Investigaciones Sociológicas),* Madrid, à partir d'un échantillon de 4000 personnes.

23 Giordan, H. (Coord. 1992), *Les minorités en Europe.* Droits linguistiques et Droits de l'Homme: Editions Kimé/PUF, Paris, CNRS/MERCATOR/FRANCE, Conseil d'Europe et Commission des Communautés Européennes. Bruxelles.

l'administration, dans lesquels la langue catalane occupe une place prépondérante, face à l'usage du castillan.

Dialectique des appartenances identitaires

À partir de ce fort attachement à leur langue et à leur culture, les Catalans d'origine, mais aussi les Catalans d'adoption (immigrés péninsulaires fortement intégrés) ont tissé un réseau d'appartenances identitaires fort complexe, qui peut sembler contradictoire, mais que nous estimons complémentaire. Il existe, tout d'abord, un sentiment de *catalanité*, et puis aussi, un sentiment moins précis *d'hispaniste* que certaines enquêtes psychosociales reflètent, comme on peut l'observer sur les deux graphiques suivants de l'enquête réalisée par le Département de Sociologie de l'Université de Barcelone [24]:

Graphique 1 : (Gabise, 1989)

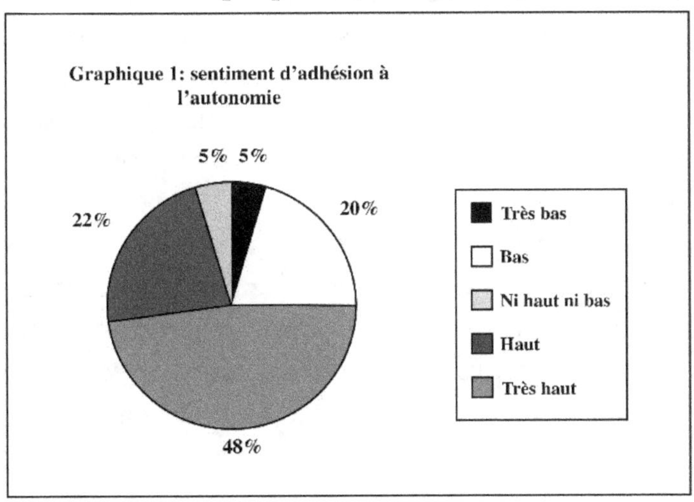

---

[24] Enquête "GABISE" (1989), réalisée sous la direction du sociologue Jordi ARAGAY de l'Université de Barcelone, au moyen d'entrevues et de questionnaires, auprès d'un échantillon de 2500 personnes.

Le sentiment d'adhésion à la Communauté autonome catalane est manifeste au vu des résultats du Graphique 1. Ceux qui se déclarent satisfaits: Haut: 22% et Très haut: 5% = 27%; par contre, ceux qui considèrent que l'autonomie est faible représentent: Bas: 20% + Très bas: 5% = 25%, soit parce qu'il voudraient qu'elle soit plus forte, soit parce qu'ils y sont opposés. Si l'on ajoute les 27%, qui sont favorables, à ceux qui sont pour le *statu quo*, 48% (c'est-à-dire Ni haut ni bas), alors l'on pourrait admettre qu'en 1995, il y avait une majorité de 75% de la population catalane qui acceptait l'autonomie.

La dialectique des identifications et des appartenances linguistiques et culturelles en Catalogne correspond à des processus de déconstruction (sentiments et représentations liés à la situation antérieure à la transition démocratique, c'est-à-dire, au régime franquiste et aux frustrations subséquentes); et de reconstruction, qui ont cristallisé pendant la transition démocratique. C'est, en effet, à partir de cette époque-là que, peu à peu, l'identité catalane s'est renforcée, au fur et à mesure que les droits historiques étaient restaurés au sein de la *Généralité de Catalogne,* et que l'adhésion à l'Europe est devenue une réalité tangible (l'État espagnol adhère à la Communauté européenne en 1986). À propos du sentiment d'identité, la même enquête indiquait les résultats du Graphique 2, mesurés à partir de deux pôles d'ancrage uniques: le sentiment d'identité catalane opposé au sentiment d'identité espagnole:

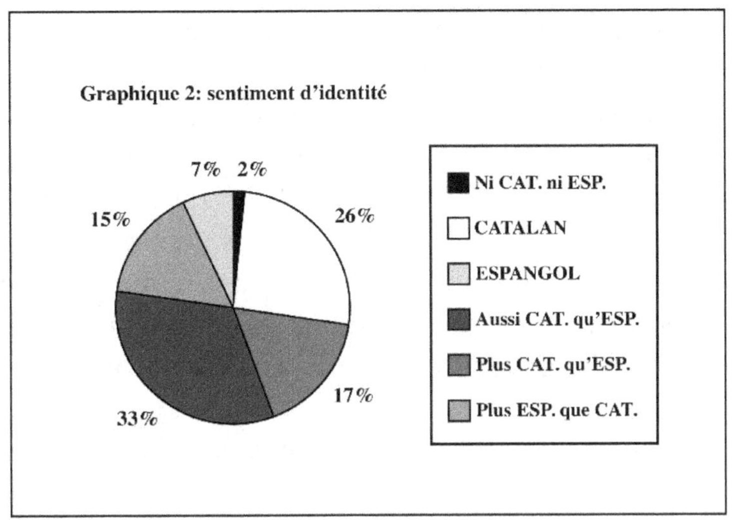

Une première observation des résultats du Graphique 2, concerne le sentiment d'appartenance se référant à une double identité, aux identités catalane et espagnole, qui prédomine en Catalogue (33%), ce qui constitue un fait nouveau, l'apparition d'une seconde génération de nouveaux Catalans issus de sud de l'Espagne; une seconde observation concerne l'affirmation de l'identité catalane (26%) qui est supérieure à l'identité espagnole (17%); troisième observation: si l'on ajoute ceux qui se sentent plus catalans qu'espagnols (15%) à ceux qui se disent catalans (26%), le total s'élève à 41%, alors que l'équivalent pour l'identité espagnole (17%+7%) est seulement de 24%.

Par ailleurs, si nous regroupons les deux tendances du sentiment d'acceptation du sentiment catalan, nous obtiendrions: 41%+33% = 74%. Ce pourcentage reflète une tendance générale et la dynamique des processus d'identification qui jouent d'une manière active en faveur du sentiment d'adhésion à l'identité catalane, surtout si l'on tient compte du fait que la moitié de la population est, peu ou prou, d'origine sud péninsulaire. Ce phénomène peut s'expliquer par la dynamique sociétale à laquelle sont soumis les deux processus identitaires considérés. Cette dynamique met en relief le rôle promotionnel et culturel de la langue catalane. Ceci dit, nous devons constater qu'il existe en Catalogne toute la gamme d'attitudes identitaires, qui va d'une *catalanité* affirmée, à une *hispaniste* manifeste, qui représente précisément le pôle identitaire opposé.

De l'infra au supranational: niveaux d'appartenance

On peut appréhender en Catalogne plusieurs niveaux d'appartenance symbolique et identitaire qui fonctionneraient selon le principe des emboîtements concentriques et que nous pouvons retrouver, bien évidemment, dans d'autres communautés nationales. Ils comprendraient, d'une part, la perspective infranationale, par rapport au niveau central et national (la Catalogne) et, d'autre part la perspective supranationale européenne.

Ici s'impose une considération qui peut conditionner la compréhension de la perspective catalane. En effet, en France le niveau national est représenté par la superposition et coïncidence de l'État et de la Nation, c'est l'État-nation. En Catalogne cette perspective est différente, car elle-même recouvre le niveau national, alors que l'Espagne, représente le niveau de l'État et, pour cette raison, renvoie pour les Catalans au supranational. Par conséquent, ce qui en France est infranational (la Corse, la Bretagne ou l'Alsace) devient national en Catalogne.

En Catalogue, tous ces niveaux d'appartenance ne s'articulent pas d'une manière parfaite ou idéale puisqu'elle est souvent paradoxale, et parfois conflictuelle. Il est évident que certains de ces niveaux identitaires s'interfèrent et peuvent parfois générer des conflits comme, par exemple, le sentiment de *catalanité* et celui d'*hispaniste* qui, pour une partie de la population, sont des appartenances qui ont tendance à s'exclure, alors que pour une autre partie, elles ont tendance à s'intégrer et à se compléter dans une perspective de construction identitaire complexe.

Les *comarques* catalanes ou cantons

Le premier niveau identitaire infranational, ce sont les *comarques* (équivalent territorial proche des cantons français) qui dans les petites villes, chefs-lieux de *comarca* ont, en général, une forte personnalité locale, économique et culturelle (par exemple, le Val d'Aran qui possède même une langue officielle, l'aranais, variante dialectale du gascon). Les 43 *comarques* catalanes sont des territoires administratifs décentralisés (chacune d'entre elles compte un *Consell Comarcal* élu), plus proches du citoyen que ne le sont les départements français.

Cette base territoriale, réorganisée pendant la II République (1931-39) et reprise en 1984 par la *Généralité de Catalogne*, s'articule avec le niveau national. Joan Rigol[25], un spécialiste de ce domaine territorial précise que les difficultés entre les différentes origines culturelles de la population dans les comarques, durant la période franquiste

---

[25] Rigol, J. (1986): *Poble i consciència nacional*, Edicions 62, Col. L'Escorpí, 1986, Barcelone, p. 123.

ont provoqué des phénomènes sociaux, qui lui confèrent une dimension et un profil culturels spécifiques. À ce premier niveau identitaire, les *comarques* ont une personnalité culturelle très marquée, semblable à celle qui existe dans de nombreux pays comme, l'Italie, l'Allemagne, le Portugal et la Grèce, etc.. Des pays qui n'ont pas connu l'acculturation systématique et profonde, depuis la seconde moitié du XIXe siècle, qui a littéralement *vidé les terroirs* de leurs cultures populaires ancestrales, riches et diversifiées.

La Catalogne stricte ou *Principat*

La *Catalogne Stricte* ou *Catalogne Principat,* est le territoire identitaire central perçu comme cadre national depuis la fin du XIXe siècle (nous insistons sur cet aspect, car il correspond à l'étape d'essor des nationalismes européens auxquels commença à participer activement la Catalogne). En 1977, après une multitude de difficultés historiques de la période franquiste, le peuple catalan a finalement réussi à récupérer et à imposer au gouvernement de l'État espagnol, la *Généralité de Catalogne et* l'actuel Parlement de la *Communauté autonome Catalane,* comme organes d'autogouvernement, qui représentent une forme d'État palliatif.

Dans la péninsule ibérique, les Catalans et les Basques sont conscients d'appartenir à des peuples très anciens, qui ont cristallisé en Nations modernes à la seconde moitié du XIXe siècle. Dans la période actuelle, leur articulation avec l'État central espagnol, sous la forme de Communautés autonomes, n'est pas une forme définitive, mais une solution historiquement marquée, qui n'augure en rien de son possible futur, vers d'autres issues. Au-delà du territoire identitaire national représenté par la Catalogue, il existe, une articulation symbolique avec les Pays catalans, et une autre relation plus réelle que symbolique avec l'État espagnol, puis une attache culturelle profonde à la Méditerranée (la rive nord-occidentale ou *Arc latin*) et finalement, une intégration récente à l'Europe.

Les Pays catalans et la Catalogne

Les *Pays catalans*, sont premier niveau supranational (qui ont eu une existence au Moyen-âge sous la Couronne d'Aragon et la Confédération Catalane, Valencienne et Baléare), ont tous en commun la langue catalane. Leur origine remonte au Moyen-âge (depuis le *Compromis de Casp,* de 1412, qui scella l'union des couronnes de Castille et d'Aragon). Ensuite, ces trois communautés historiques n'ont plus jamais configuré un ensemble comparable à celui de la couronne d'Aragon. Elles ont connu le déclin de leur pouvoir politique, au début du XVIIIe siècle jusqu'à la fin du XIXe siècle. Puis, à partir de cette époque va se produire, en Catalogne, une lente récupération du pouvoir politique catalan avec, tout d'abord, le mouvement littéraire et culturel de la *Renaixença* (1833-1892), et puis de l'instauration de la *Mancomunitat*[26] de 1914 à 1925.

Les *Pays catalans* demeurent un cadre communautaire virtuel ou potentiel, chacune de ses composantes possédant

---

[26] *Renaixença* et *Mancomunitat:* le premier terme se réfère à un mouvement littéraire, culturel et national catalan (1833-1892) inspiré du romantisme, alors que le second est un organisme de gouvernement de la Catalogne, dirigé par Enric Prat de la Riba.

actuellement un gouvernement autonome, et une dynamique identitaire qui lui est propre. Il s'agit de la Catalogne stricte, de la Communauté valencienne et de celle des Baléares. Et, en dehors de l'État espagnol, il y a l'Andorre, qui est un pays indépendant, l'Alguer ou Alghero, en Sardaigne (Italie), et la Catalogne du nord ou Roussillon, qui dépend de l'État français.

Pour ce qui est du futur potentiel des *Pays catalans,* précisons que cette question n'est pas ressentie comme une priorité par l'opinion publique des Communautés de langue catalane. Elle ne figure dans aucun des programmes de l'ensemble des forces politiques (les indépendantistes qui défendent l'idée des *Pays catalans* ne représentent que 2% du corps électoral) des trois Communautés autonomes concernées: la Catalogue, la Communauté valencienne, et celle des Baléares (au total: 12 millions d'habitants).

Carte 1 : Aire de la langue Catalane

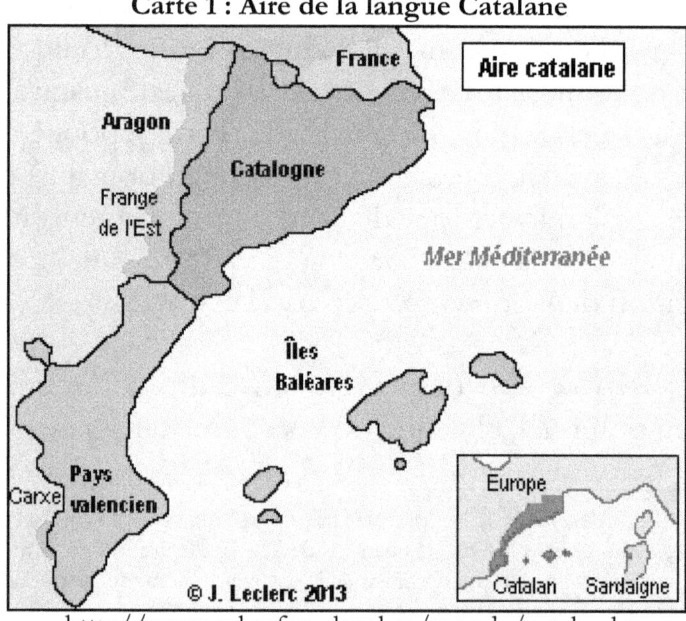

http://www.axl.cefan.ulaval.ca/monde/catalan.htm

Les Catalans et l'Espagne

Le sentiment d'appartenance des Catalans à une Espagne plus démocratique qui renouerait, entre d'autres, avec la tradition culturelle et humaniste des générations littéraires espagnoles, dite *regeracionista* de 1898 (de Miguel de Unamuno, Azorín, Ramiro de Maeztú, Ramón del Valle Inclán, à Juan Ramón Jiménez et Pio Baroja), et celle de 1927, moderniste et proche du surréalisme (de Machado, Miguel Hemández, Federico García Lorca à Jorge Guillén, Vicente Aleixandre, Pedro Salinas et Rafael Albertí; comme aussi des valeurs républicaines et démocratiques de la seconde République espagnole de 1931 a 1939 (d'intellectuels et d'hommes politiques tels: Blasco Ibáñez, Ortega y Gasset, Salvador de Madariaga, Alcalá Zamora et Manuel Azaña) sont une réalité évidente, mais c'est une question pour laquelle nous manquons de données précises, portant notamment sur les représentations que les Catalans se font actuellement de l'Espagne.

La nouvelle situation socioculturelle, politique et autonomiste, a rendu plus modeme et plus attrayante l'appartenance à un certain sentiment d'*hispanité* pour les Catalans. Ce sentiment même diffus existe en Catalogne, et cela malgré la longue et régressive étape de la dictature franquiste, qui dura de 1939 à 1977. Pendant cette longue et période avait triomphé un catholicisme archaïque et intransigeant, et une *hispanité* impériale et grandiloquente ethnocentrée, à laquelle ni les Catalans ni les Basques (ni d'ailleurs les Castillans démocrates ou républicains) ne pouvaient adhérer.

Par ailleurs, il ne faut pas oublier que près de la moitié de la population de la Catalogne est d'origine surtout andalouse. Depuis les années 70, les Catalans ont généralement une très grande familiarité avec la culture andalouse. Les Catalans ne sont pas ingénus au point d'oublier les différences culturelles et psychologiques qui existent, entre eux, Catalans pétris d'une profonde culture méditerranéenne et humaniste, et des Castillans (couches populaires exclues) qui, de leur côté, montrent, en général, une tradition hispanique fortement marquée par un passé impérial, guerrier, très souvent tragique et parfois hautain, que résume assez bien le philosophe, Miguel de Unamuno[27], dans son livre *Del sentimiento trágico de la vida*.

Les Catalans et la Méditerranée

Le sentiment d'appartenance à une culture méditerranéenne, celle de l'aire nord occidentale de la Méditerranée, ou *Arc latin,* qui irait de la Sicile à l'Andalousie en passant par la Toscane et la Provence, et dont la Catalogne serait le centre (une Eurorégion entre Toulouse, Montpellier et Barcelone existe actuellement), possède une forte dimension historique. C'est un espace géographique, défini par l'historien Fernand Braudel[28] comme un lieu de confluences culturelles uniques (du style roman catalan à la kabbale juive de Gérone, à la littérature provençale des troubadours et au catharisme languedocien)

---

[27] Unamuno, M. de (1912): *Del sentimiento trágico de la vida*, Ediciones Austral. Espasa Calpe (1934). Madrid

[28] Braudel, F. (1949): *La Méditerranée et le monde méditerranéen à l'époque de Philippe II,* Éditions Flammarion, Paris. & Éditions Arts et métiers graphiques, 1977. Tome 1: L'espace et l'histoire. Tome 2: Les hommes et l'héritage.

et de passage obligé pour toutes les migrations sud et nord-européennes. Voici ce qu'en pense l'historien Fernand Braudel:

La Méditerranée est un très vieux carrefour. Depuis des millénaires tout a conflué vers elle, brouillant, enrichissant son histoire (...) Elle ne cesse de se raconter elle-même de se revivre elle-même. Avoir été, c'est une condition pour être. (...) Dans son paysage physique comme dans son paysage humain, la Méditerranée carrefour, la Méditerranée hétéroclite se présente dans nos souvenirs comme une image cohérente, comme un système où tout se mélange et se recompose en une unité originale. (...) Pendant trois ou quatre millénaires, les migrations avaient fait l'histoire et l'unité de la Méditerranée. (...) Aujourd'hui, dans tous les pays de l'Europe méditerranéenne, en Espagne comme en Italie et en France, les régions relèvent la tête, revendiquent leur autonomie niée par le renforcement d'un État centralisateur pour faire revivre ce pluralisme politique, linguistique, religieux et culturel qui caractérise l'espace méditerranéen.

Nous adhérons à cette magnifique description, comme à l'opinion du sociolinguiste, historien et écrivain occitan de l'Université de Montpellier Robert Lafont[29] qui considère, de son côté, la Méditerranée comme le creuset provenant d'une riche culture de l'ancienne Grèce, de Rome et de l'Islam ibérique et dont Florence, Gènes et Venise, Marseille, Nîmes et Montpellier, Gérone, Barcelone et Valence, mais aussi Toulouse et Saragosse, seraient les cités héritières, préfigurant déjà, surtout à partir de la

---

29 Lafont, R. (1991): *Nous, peuple européen. Petite histoire de la maison commune à l'usage de ses anciens et nouveaux habitants*, Éditions Kimé, Paris.

Renaissance, le sentiment de peuples méditerranéens et européens. . . .

Nous sommes tous latins, comme nous sommes tous grecs et juifs. Pour la même raison et plus profondément encore. Si la langue des Hellènes des âges classique et alexandrin continue d'inonder notre monde européen de concepts dans leur expression inchangée, si nous lisons toujours les volontés de Dieu dans la Bible hébraïque, la langue de Rome nous a pétris intellectuellement d'une longue familiarité scolaire. (...) Les mots latins... revoici posé le problème d'une origine. Sous les strates des relatinisations de notre société, une identité.

À ce sujet, l'on constate que la langue catalane, d'origine latine et galloromane, comme l'occitan et le français, est beaucoup plus marquée par le latin, que ne le sont ses voisines française et castillane, qui ont reçu une forte influence germanique et arabe, respectivement (les adstrats que les linguistes connaissent bien).

Une enquête portant sur les Jeunes et l'Europe, de Claude Tapia[30] de l'Université de Tours, met en relief les relations privilégiées existant entre les Espagnols (dans cette enquête, Catalans) et les Italiens, lorsqu'ils répondaient à la question: *De quel pays européen vous sentez-vous le plus proche?*

À propos du sentiment d'appartenance méditerranéen, il existe en Catalogne une conscience populaire diffuse, mais réelle, sur le rôle joué pendant près de deux siècles par la couronne d'Aragon et la *Confédération Catalano-Valencienne et Baléare* au Moyen-âge.

---

[30] Tapia, C. (1994): *Les jeunes et l'Europe,* (France, Italie, Portugal, Espagne). Université de Tours

Les Catalans et l'Europe

L'Europe n'est pas un alibi pour la Catalogne, certains historiens attribuent le sentiment d'appartenance européenne de la Catalogne à l'époque historique fort ancienne: de l'Empire carolingien et à sa marche hispanique (821-988) qui arrivait jusqu'à l'Ebre. Ainsi la Catalogne posséderait des racines carolingiennes et, de ce fait, serait plus proche de l'Europe que ne le seraient l'Andalousie, la Castille ou même Valence. Pendant le Moyen-âge, les comtés catalans furent membres de la Septimanie (1213-1356) et de la couronne d'Aragon (1234-1412) qui fut très influente en Méditerranée occidentale. Bien plus tard. Les élites catalanes seront marquées des idées de la Révolution française, mais c'est surtout à partir de la seconde moitié du XIXe siècle que l'empreinte européenne deviendra décisive grâce au romantisme allemand qui précède la révolution industrielle.

Il ne faut pas s'étonner du sentiment européen qui existe chez les Catalans surtout depuis une quinzaine d'années. Il y a plusieurs raisons à cela. Tout d'abord, le fait d'être enfin reconnus et acceptés par les Européens comme leurs égaux et de réintégrer la *Maison commune* après tant de siècles, de vicissitudes et d'autarcie historiques. Mais aussi parce que l'Europe a servi pendant de longues années de catalyseur des valeurs démocratiques auxquelles ils aspiraient. L'Europe est pour les Catalans une preuve de l'homologation démocratique longtemps souhaitée et pour laquelle ils ont lutté.

Aujourd'hui, les étudiants, les universitaires et les techniciens catalans intensifient leurs relations avec les différents pays européens en faisant des séjours de plus en plus fréquents, et en accueillant leurs collègues qui sont eux aussi plus nombreux à venir en Catalogne. Les pays européens avec lesquels les Catalans ont le plus de contacts grâce notamment aux différents programmes européens de formation et d'échanges sont: la France, l'Angleterre, l'Italie et l'Allemagne.

Le Gouvernement de la *Generalitat* a organisé en 1994 une exposition itinérante intitulée: *Quatre moteurs pour l'Europe* conjointement à trois autres régions européennes très développées (la Lombardie en Italie, la région Rhône-Alpes en France et le land Baden-Wurtemberg en Allemagne), qui sont des exemples de la conception dynamique que la *Generalitat* entend promouvoir. Cependant, il existe en Catalogne un sentiment particulier assez répandu qui fait référence à la nécessité d'une articulation entre l'Europe des peuples et l'Europe des États-nations, qui n'a pas encore trouvé d'issue favorable.

Dynamique de l'intégration en Catalogne

Pour répondre à la question: comment peuvent fonctionner et s'agencer les appartenances et les identités en Catalogne à l'intérieur d'un État autonomiste et dans une perspective européenne? Nous proposons la réponse suivante: ou bien chacun à la possibilité de sauvegarder son identité, ou bien nous pouvons tous perdre, à la longue, notre propre identité. Si l'on n'admet pas ce principe de réciprocité et de respect de toutes les cultures, quelles qu'elles soient, et surtout envers celles qui ont été historiquement marginalisées, alors selon le même principe, les *grandes cultures* des États-nations pourraient être, tôt ou tard, menacées dans leurs propres fondements, par des formations culturelles toujours plus puissantes qui exercent déjà leur pouvoir dans le monde.

Plus de quinze ans après la transition démocratique, l'identité linguistique, culturelle et nationale catalane semble consolidée. L'organisation de l'État espagnol en communautés autonomes est une réalité objective et tangible. Sur le plan linguistique, culturel et éducatif, la langue catalane occupe une place normalisée, et le Gouvernement catalan à l'entière responsabilité de tous les niveaux de l'enseignement et de l'information, grâce à la radio et à deux chaînes de télévision publiques. Quant à l'intégration des migrants en Catalogue, elle s'est réalisée dans un pays restreint qui, sans avoir tout le pouvoir politique a réussi à intégrer des populations considérables (près de 50% de sa population) de migrants originaires du sud de la péninsule (Andalousie, Extrémadure) ou de zones à faible développement comme la Galice, Valence, et l'Aragon.

Les jeunes andalous qui ont grandi en Catalogne depuis les années 60 se disent et se sentent catalans; certains se définissent comme bilingues et biculturels. De nombreux facteurs socioculturels ont facilité cette identification à la Catalogne. Ajoutons que cette société bilingue et biculturelle ne vit pas cette situation d'une manière crispée et dramatique, mais au contraire d'une manière naturelle et conviviale qui surprend souvent les observateurs extérieurs. Cette seconde génération construit une identité ambivalente, entre plusieurs pôles d'ancrage identitaires: la famille et la culture d'origine, l'école et la société catalanes, l'État et la culture hispanique. Il existe de jeunes *beurs* catalans, différents, bien sûr, des *beurs* français, mais avec les mêmes angoisses et les mêmes espoirs.

Pour ce qui est des nouveaux migrants, surtout maghrébins, le problème est différent. Nous ne sommes plus en 1960, et les pourcentages sont différents. C'est leur origine, leur culture et leur religion, très différentes de celles des migrants andalous, qui posent un problème d'intégration plus difficile. Les attitudes xénophobes d'une part de la population catalane existent aussi, et elles sont plus marquées par rapport à ces nouveaux migrants, comme le démontre une enquête[31]. Nous devons admettre avec l'anthropologue de l'université de Paris-Descartes, Maurice Mauviel[32] que:

> *(…) une vague xénophobe parcourt l'Europe tout entière qui exige des diagnostics nouveaux. L'espoir d'un ensemble supranational dans lequel les minorités trouveraient leur place est fortement mis a mal. (...). La pluralité sera donc très difficile à construire, elle requiert du temps pour la stabiliser, l'intérioriser sur le terrain social. L'ouverture à l'altérité est un processus lent, fragile, toujours susceptible de retours en arrière.*

---

[31] Solé, C. (1993): *El racisme latent.* Papers n° 47. *Rafel de Campalans*, Barcelone.

[32] Mauviel, M. (1993): *La compréhension culturelle dans le contexte géostratégique de 1993.* Cahiers de sociologie culturelle n° 19. Ethnopsycbologie, Le Havre.

Conclusion: les transitions en cours

Plus que jamais la société espagnole, comme l'ensemble des sociétés européennes, semble entraînée dans une inexorable dynamique qui bouleverse les données socioculturelles et structurelles au point de brouiller les facteurs de compréhension des nouveaux enjeux de société. Les mutations en cours ne sont plus d'ordre technologique ou scientifique, elles sont désormais sociétales, culturelles et surtout psychologiques, ce qui implique des analyses qui font intervenir les approches de l'anthropologie culturelle, la psychosociologie, les sciences cognitives et la sémiologie. Le défi est réclame, sans doute, l'implication de tous les spécialistes.

Les processus de la transition démocratique, qui avait débuté entre 1977 et 1981, semblent désormais s'orienter en Espagne vers une nouvelle configuration de l'État. État multinational (la formule *Nation de nations* a déjà été lancée) ou État fédéral à partir de l'autonomisme actuel. En définitive, fédération ou confédération? D'autres questions sont caractéristiques de la période actuelle, et exigent une redéfinition de la lutte pour l'emploi, la modernisation du système socioproductif, la lutte pour la moralisation de la vie politique et pour une nouvelle éthique. À propos de l'organisation de l'État et de la participation des communautés autonomes, citons l'économiste, Ernest Lluch[33] qui, au sujet de l'articulation institutionnelle entre la Catalogne et l'État espagnol, pensait que:

---

[33] Lluch, E. (1994): *Cataluña, fragmento de Estado.* Opinión, *El País*, Madrid,

S'il n'existe pas un schéma austro-hongrois accepté et stimulé par les forces politiques espagnoles, le système ne pourra pas fonctionner. Forces politiques qui doivent compter non seulement sur une articulation au niveau de l'État espagnol, mais surtout avec le reste de l'Europe (...) Si nous acceptons une Europe ayant diverses personnalités quelle est la raison profonde pour laquelle nous ne pourrions pas accepter une Espagne possédant plusieurs personnalités?

Par schéma austro-hongrois Ernest Lluch entendait un modèle décentralisé et fédéraliste, et qui serait respectueux des identités culturelles et nationales. Modèle qui s'oppose à celui de l'État-nation unitaire et centralisé, dont la République française demeure l'archétype. En 1994, le premier ministre du gouvernement espagnol, Felipe González[34] déclara au sénat, lors d'un débat sur les Autonomies, que:

L'État des Autonomies n'est pas une simple question de décentralisation administrative ou de distribution du pouvoir politique, mais un essai historique de conciliation de l'énorme diversité de cultures et de langues qui existent dans les différentes régions et nationalités d'Espagne.

Pour revenir à la construction européenne, nous sommes d'accord avec la position de l'anthropologue Georges Balandier[35] qui, la même année, affirma:

---

[34] Felipe Gonzalez proposa, pour la première fois au Sénat, en septembre 1994, que chaque présídent de gouvernement autonome pût s'exprimer dans la langue propre de sa Communauté: Catalogne, Pays Basque, Valence, Baléares et Galice. L'importance de cet acte fut très symbolique.

Plus que jamais, je crois à l'Europe comme espace de culture, de sensibilité, de l'avenir. Il faut jouer sur les deux bouts: développer une démocratie de proximité, et se mobiliser pour un horizon plus vaste. L'Europe, à condition qu'elle ne soit pas celle des experts, est un devoir, c'est le seul espace élargi que nous pouvons conquérir maintenant.

Ce passage résume notre opinion sur le processus de la construction européenne. Ces deux bouts sont pour les Catalans parfaitement clairs: il s'agit, dans un cas, de la Catalogne, qui serait notre démocratie de proximité et, dans l'autre, d'une Europe solidaire et ouverte sur l'avenir, l'horizon plus vaste à conquérir.

---

[35] Balandier, G. (1994): *Le Dédale - Pour en finir avec le XXe siècle.* Éd. Fayard, Paris.

II- L'immigration en Espagne et dans la société catalane

Université de Haiffa (Israël), février 1999

Introduction: Constitution et les statuts d'autonomie

La Catalogne est une des 17 communautés autonomes qui configurent l'actuel État espagnol issu de la transition démocratique qui commença avec la chute du régime franquiste (Franco est mort en 1975) et qui s'acheva par la ratification de la Constitution espagnole de 1978, ainsi que des statuts d'autonomie des différentes communautés historiques, approuvées chacune d'entre elles entre 1979 et 1980.

En ce qui la concerne la Catalogne c'est un pays qui possède une longue tradition historique qui lui confère une personnalité propre soulignée par une langue et une culture distinctes de la langue castillane, avec une même origine latine, et une première différenciation romane (le catalan est une langue galloromane, avec l'occitan et le français, alors que le castillan est une langue ibéroromane). Depuis le XIXe siècle, c'est une nation, selon la conception moderne, et non pas une région, comme le considère la tradition française, ayant les attributs spécifiques, mais sans un État propre. La *Generalitat de Catalunya* est une forme palliative d'autogouvernement. Après les quarante ans de franquisme, la grande majorité de ses citoyens pense que le gouvernement de la Communauté autonome de Catalogne semble convenir. À cet égard, des responsables politiques, comme le président Jordi Pujol lui-même, reconnaissent que la Catalogne n'avait jamais connu une période d'autogouvernement aussi stable et durable depuis le XVIIIe siècle.

À la fin du XXe siècle, la Catalogne est une communauté autonome de six millions d'habitants dont Barcelone est la capitale, connue surtout depuis les Jeux olympiques de 1992. Avec sa banlieue, c'est une ville cosmopolite et une métropole économique de trois millions d'habitants. Sur les 17 communautés autonomes de l'État espagnol, la communauté catalane est sans doute, avec la communauté basque, celle qui possède la personnalité la plus marquée, aussi bien du point de vue de son identité nationale que de son développement économique, ce qui provoque parfois certaines incompréhensions manifestes, de la part de la population du reste de l'État espagnol. Le modèle d'organisation autonomiste de l'État espagnol implique un débat de fond qui est loin d'être clos, puisque l'ajustement de ces deux principales autonomies (Pays basque et Catalogne) est toujours posé. Entre la construction d'un éventuel État fédéral souhaité par les socialistes, et un État multinational défendu par les nationalistes basques, catalans et galiciens, la discussion se poursuit.

Rappelons que durant la longue étape franquiste, les identités catalane et basque furent totalement niées et durement réprimées. On ne pouvait parler ni en catalan ni en basque, et toutes les manifestations culturelles étaient interdites. La résistance fut longue et difficile, mais constante et opiniâtre. Malgré tout, l'identité catalane a su retrouver sa force et son énergie, avant, durant et après la transition démocratique. Mais son ajustement dans un État espagnol, qui conserve encore des réflexes et une tradition centralistes, représente une difficulté permanente.

Un des grands défis pour le maintien de l'identité catalane et de sa cohésion sociale fut, sans aucun doute, l'arrivée massive à partir des années 60 – sous le franquisme – d'une immigration sud péninsulaire (surtout d'Andalousie et d'autres régions peu développées) qui ignorait tout de la Catalogne et en méconnaissait la langue et la culture.

L'immigration en Catalogne et son intégration

Les difficultés de la reconstruction culturelle et identitaire ont été considérables pour les citoyens catalans parce qu'il a fallu *sauver les mots* et les signes de l'identité d'un peuple qui avait tout perdu, ses droits et ses institutions. De plus, la Catalogne avait perdu l'homogénéité démographique des années 30 et à fin des années 50 elle allait subir une vague migratoire interne sans précédent.

La Catalogne a accueilli au début des années 60, grâce à son développement industriel, une forte immigration provenant du sud de la péninsule, dont près de deux millions provenaient surtout d'Andalousie. Cette situation démographique a supposé un défi considérable pour l'intégration des nouveaux arrivants. À cette époque, il n'y avait aucun organisme d'aide, et chaque migrant devait se débrouiller comme il pouvait. Le franquisme n'est évidemment pas étranger à cette question, bien au contraire. On peut supposer que cet énorme transvasement migratoire et humain faisait partie d'un plan prémédité afin de diluer et d'en finir avec la spécificité nationale de la Catalogne, spécificité totalement inacceptable pour le régime franquiste.

Pendant les années 1960 et 1975, on observe une absence totale d'orientations et d'organismes dédiés à l'intégration des migrants en Espagne, situation comparable à celle qui existait d'ailleurs dans d'autres pays occidentaux récepteurs d'immigration. Pour les spécialistes, l'accueil de cette immigration démontre que c'était une situation basée sur l'absence totale d'organismes d'intégration. C'est l'étape du fameux *laissez-faire* des années de l'immédiate post-guerre qui dura jusqu'aux années 70, commentée par le pédagogue britannique James Lynch[36].

Après vingt ans de démocratie de l'État espagnol, ces premiers migrants se sont finalement intégrés, plus ou moins bien, et la majorité d'entre eux se considèrent aujourd'hui comme des citoyens aussi bien catalans qu'andalous ou espagnols. À ce stade se pose la question complexe du changement ou de la transformation de l'identité culturelle des secondes générations d'immigrants. Cette modification identitaire peut osciller entre, d'un côté, une identité d'origine plus affective et symbolique et, de l'autre, une identité d'adoption plus sociale, fonctionnelle et dynamique.

Sur les six millions d'habitants que compte aujourd'hui la Catalogne, la moitié est originaires d'autres régions de la péninsule. Certains indices démographiques montrent que les mariages mixtes (catalans et non catalans d'origine) ont augmenté et dépassent les 30 %. Dans ces

---

[36] Lynch, J. (1991): (1986): *Multicultural Education: Principles and Practice.* Routledge

conditions démographiques et culturelles adverses pour la Catalogne, nous pouvons nous demander comment il a été possible, au-delà des innombrables difficultés imposées par le franquisme, de réussir la construction d'une seule communauté catalane, d'unifier tout un peuple, ayant un même dénominateur commun, une personnalité propre et une même aspiration démocratique ? Dans l'étape actuelle, de nouveaux problèmes apparaissent et de nouveaux défis se présentent à la société catalane. Ces problèmes, qui existent dans le reste de l'Espagne et dans presque toutes les sociétés occidentales développées, concernent les nouvelles migrations extracommunautaires est-ouest et sud-nord.

L'immigration extracommunautaire en Catalogne

Dans le cas de la Catalogne, à partir de 1985, il faut rajouter à la situation sociodémographique initiale, une nouvelle immigration, extracommunautaire moins nombreuse, mais très différente de la première (intrapéninsulaire et considérable), et pour cette même raison perçue avec beaucoup de réticences. Ce phénomène, qui existe dans toute l'Espagne, se colore en Catalogne d'une différence culturelle et linguistique spécifique. Face à la tendance du multiculturalisme et de la mondialisation de nos sociétés, nous pouvons nous demander encore comment l'on peut maintenir une identité, restreinte comme celle de la Catalogne ?

Il n'y a aucune formule spéciale, mais, une longue histoire de lutte en défense de la langue et de l'identité, avec, d'un côté, un style d'intégration relativement tolérant – nous avons nous-mêmes subi des attitudes répressives et d'intolérance sous le franquisme – et, d'un autre côté, avec la conviction de maintenir une identité millénaire qui résulte des multiples apports historiques depuis les Ibères jusqu'aux Arabes et les Berbères, en passant par les Phéniciens, les Grecs, les Romains, les Juifs, les Wisigoths et les Carolingiens... Cinq siècles après la chute de Grenade et la promulgation de l'édit d'expulsion de 1492 par les Rois catholiques, musulmans et juifs sont actuellement réimplantés dans l'ancienne et prestigieuse *Al Andalous* des uns, et dans la nostalgique *Séfarad* des autres. Parmi les nouveaux migrants qui arrivent en Espagne depuis 1985 – l'Espagne est membre de l'Union européenne depuis 1986 – les plus nombreux sont surtout les Marocains, sans doute en raison de la proximité entre le Maroc et l'Espagne.

Intégration de l'immigration extracommunautaire

Les statistiques officielles du Parlement européen[37] ayant trait à l'immigration non communautaire en Europe indiquent pour l'Espagne qu'il existe en 1990, 2,00 % de personnes originaires des pays du Maghreb, des Sud-Américains, des Philippins et du Sud-ouest asiatique. Ce pourcentage dépasse celui des résidents européens, nord-américains ou japonais qui représentent environ 1,00 % (ces derniers ayant les mêmes droits de travail que les Espagnols). À ces pourcentages officiels des immigrés légalisés, il faut rajouter le phénomène de l'immigration clandestine difficilement quantifiable. Certaines ONG chiffrent les clandestins en Espagne à deux cent mille personnes.

---

[37] Rapport Ford du parlement européen, publié en 1990 à Strasbourg.

Cette nouvelle immigration connaît de nombreuses difficultés d'intégration et le premier problème administratif est la *Loi des Étrangers* – décrétée sous la pression du traité de Schengen – qui représente un problème légal insoluble lié aux permis de travail et de résidence, les deux étant toujours difficiles à réunir. À ces difficultés juridiques et administratives, il faut rajouter celles qui se réfèrent à l'intégration socioculturelle et linguistique plus délicate, ainsi que les questions de logement, de scolarisation des enfants, de santé et des deux langues à apprendre (castillan et catalan).

Il existe aujourd'hui des adolescents qui sont des secondes générations issues de cette dernière immigration, qui ont été scolarisés et qui parlent catalan et castillan. Une compétence égale dans les deux langues qui est précisément l'objectif de l'école publique catalane. Ils construisent ainsi une identité entre plusieurs références culturelles, celles d'origine et celles de la société qui les accueille. Ce phénomène est assez nouveau pour la société catalane, et il a des conséquences sur la dynamique globale de l'identité qui, peu ou prou, se modifie et se transforme. Toutes les sociétés ont tendance à se modifier à cause de l'accélération des processus de mondialisation.

Immigration de la Communauté israélite de Barcelone

Le retour des premiers juifs en Espagne[38] remonte à la fin du XIXe siècle et, à partir de cette époque, leur arrivée a été plus réduite, surtout si nous la comparons à celle qui s'est produite en France, aux États-Unis, ou au

---

[38] Berthelot M. (1997): *"Cien años de presencia judía en la España contemporánea»*, Editions MKF, Barcelone

Canada. Cette immigration juive vers l'Espagne a été provoquée par les événements des pays qu'ils devaient quitter, et d'où ils provenaient : des Balkans et du Moyen-Orient (Turquie et Grèce, entre les années 1910 et 1930), puis de l'Europe centrale, à cause des événements antérieurs à la Seconde Guerre mondiale (1930-40), du Maroc, dès les processus d'indépendance nationale des pays d'Afrique du Nord (années 1950-60), d'Argentine, du Chili et d'Uruguay, provoquée par les coups d'État militaires de l'Amérique latine (années 1970-75). Les derniers immigrés juifs qui arrivent en Catalogne proviennent des républiques de l'ex-URSS, après 1989.

Il s'agit d'arrivées très différentes les unes des autres, qui ont été parfois transitoires vers d'autres destins (cf. le film *Casablanca*) ou qui, dans d'autres cas, sont devenues définitives. En Catalogne, nous observons qu'il s'est produit tout au long de leur présence plus ou moins longue, un rapprochement, une reconnaissance, et un courant de sympathie entre Catalans et Juifs, que M. Berthelot a analysé dans son étude sur l'effet miroir[39].

Il existe deux grandes communautés juives en Espagne, celle de Madrid et celle de Barcelone et une dizaine d'autres communautés plus réduites dans des villes comme Malaga, Valence, Séville, Mélilla, Palma de Mallorca, etc. La communauté israélite de Barcelone existe depuis 1918, date de la légalisation des premiers statuts de la *Comunidad Israelita de Barcelona*, la CIB.

---

[39] Berthelot M. (1991): *« Juifs et Catalans ou l'effet miroir de quelques stéréotypes »,* Editions Sietar, Paris

Il s'agit d'une communauté juive qui compte 3 000 personnes recensées, nombre équivalent à celui de la communauté de Madrid. À Barcelone, elle dispose de deux synagogues : la première sépharade, d'origine marocaine, et l'autre ashkénaze, d'origine argentine.

De plus, elle compte avec un collège et un centre de loisirs. Pour résumer, et malgré des antagonismes internes récurrents, la communauté juive est un exemple d'intégration dans la société catalane assez bien réussi. 1992, lors des commémorations de Ve centenaire de la découverte de l'Amérique, fut une année de réconciliation de la couronne d'Espagne et des juifs.

Attitudes envers les migrants en Catalogne

Les attitudes des Catalans envers les nouveaux immigrants sont, en général, assez positives, même si nous assistons à une incompréhension latente. On commence à observer des manifestations de xénophobie et de racisme, comme dans d'autres régions d'Espagne. Il semble que les Catalans comprennent assez bien les questions dérivées de l'intégration (et non de l'assimilation, à la française), et donc, de respect des cultures des immigrés, puisqu'eux-mêmes ont souffert la négation de leur propre identité culturelle dans un passé franquiste relativement récent, bien que dans ce domaine rien n'est jamais assuré.

Les plus récentes enquêtes portant sur les attitudes xénophobes et racistes indiquent que 10 % des citoyens de Catalogne se déclarent ouvertement racistes. Les autres ne le déclarent pas ouvertement, mais la sociologue Carlota Solé[40] a détecté l'existence d'un racisme latent très étendu, causé par des facteurs sociologiques et psychologiques plus profonds. Selon cette sociologue ces causes conduisent à certaines attitudes de refus de la part de ce qu'elle qualifie comme *la basse classe ouvrière blanche* qui trouve dans les nouveaux migrants un exutoire de transaction pour ses propres frustrations. Une autre enquête a été réalisée à l'UAB par l'association universitaire ERAIM, dans le cadre du *Programa Barcelona Solidaria, 1997,* sur les attitudes xénophobes des adolescents[41], dans quatre pays européens de la Méditerranée (France, Italie, Portugal et Catalogne). Cette enquête vient confirmer qu'il existe bien 10 % des adolescents qui se déclarent racistes, sans doute comme leurs parents, et qui construisent leur propre identité avec des mécanismes d'exclusion de l'autre, surtout si celui-ci est ethniquement différent.

Conclusions

L'État espagnol connaît, depuis quelques années, une diversité ethnique et culturelle à laquelle il n'était plus habitué. Il ne faut pas oublier que de nombreux Espagnols ont été eux-mêmes des émigrants ides années 60 aux années 80, dans les pays de l'Europe du Nord (France, Allemagne, Belgique et Suisse).

---

40 Solé, C. (1995): *Discriminación racial en el mercado de trabajo,* Madrid: Consejo Económico y Social.

41 Puig-Moreno, G. (1998): *Attitudes xénophobes des adolescents.* Edicions Domenech, Barcelona

Maintenant c'est l'Espagne elle-même qui s'est convertie en terre d'accueil des migrants, pour des raisons diverses parmi lesquelles figure son propre développement économique. Le changement sociologique provoqué par l'arrivée des nouveaux migrants extracommunautaires est considérable et pose de nombreux problèmes de compréhension et d'intégration non encore résolus.

Si les résultats du rapport du Parlement européen indique que los espagnols sont peu racistes, c'est en partie à cause du faible pourcentage des immigrants en Espagne, et au fait que leur arrivée est relativement récente (1985). Ainsi, nous sommes en présence d'un racisme latent qui ne veut pas dire son nom ou reconnaître la réalité de ses propres attitudes, du style : *Je ne suis pas raciste, mais je n'aime pas les Gitans.*

L'anthropologue Tomás Calvo Buezas de l'Université de Madrid a publié en 1989 les résultats d'une enquête sur la diversité culturelle en Espagne et les représentations des minorités ethniques à partir des manuels scolaires Espagnols dans les matières et niveaux de l'enseignement secondaire. L'évaluation globale est la suivante :

1) Il existe un refus explicite et radical du racisme dans les différentes matières, sciences sociales, l'histoire, l'éthique et la philosophie. D'après Buezas, cette position portant sur les valeurs, doit être interprétée comme étant positive.

2) L'image globale qui en résulte, et que l'élève peut se faire à propos du racisme, est focalisée et revient à dire que le racisme est un mal des autres. Les manuels scolaires

n'indiquent que certains pays où ce phénomène se produit contre certains groupes. Ainsi, le paradigme du racisme dans le monde serait le suivant : États-Unis / noirs ; nazis allemands / juifs. Selon ces mêmes manuels, le racisme n'existerait pas en Espagne :

Un seul texte fait référence aux Juifs, aux Gitans et aux homosexuels (réminiscence de l'Inquisition qui s'en prenait déjà aux hérétiques: homosexuels et aux *conversos*). Ces manuels ne se réfèrent jamais au racisme. Il est remplacé par d'autres termes comme discrimination, ségrégation, ou incompréhension. Précisons que les Gitans ne sont pas immigrants : ce sont des citoyens espagnols, présents dans la péninsule depuis le XVIIe siècle, mais soumis à un racisme atavique.

En Catalogne, comme dans le reste de l'État espagnol, il existe autant de gens favorables à l'intégration et au respect des cultures des migrants, que de gens qui sont totalement opposés à leur présence, même s'ils ne se définissent pas comme racistes. Nous sommes conscients que, dans le domaine de l'éducation des enfants et des adolescents comme dans la formation des éducateurs, il reste beaucoup de travail à faire. Nous devons confronter nos expériences pédagogiques à celles des pays qui connaissent ces problèmes d'intégration depuis bien plus longtemps que nous.

N'oublions pas la réflexion historique portant sur le Moyen-âge hispanique, qui culmina avec le royaume d'Alphonse X, le sage, roi de Castille et de Léon de 1252 à 1284. Durant cette étape historique, d'une trentaine années seulement, il exista à Tolède une expérience unique et relativement avancée, que nous pourrions qualifier aujourd'hui d'interculturelle[42], et d'échanges entre les trois cultures et les trois religions de l'époque. Une tolérance certes toute relative se développa, mais effective entre chrétiens, musulmans et juifs (les conflits n'étaient pas du tout exclus), une compréhension de l'autre, un développement de l'intelligence, notamment grâce à l'école de traduction de Tolède, ce dont aujourd'hui nous continuons trop souvent à manquer.

---

[42] Le concept interculturel (échange et dialogue volontaire entre des gens appartenant à des cultures différentes), à ne pas confondre avec celui de multiculturel qui est un fait social observable, n'impliquant pas forcément un contact, un échange ou un quelconque dialogue.

III- Langue et culture en Catalogne du Nord (Roussillon)

(AULF) Université de Toulouse, mai 2005

Je ne suis pas tout à fait extérieur à la situation des Langues de France, étant donné que j'ai enseigné pendant une trentaine d'années la didactique du Français Langue étrangère à l'Université Autonome de Barcelone (UAB), et que, d'autre part, pendant 25 années, j'ai enseigné la linguistique catalane à l'Institut Franco-Catalan de l'Université de Perpignan. De plus, en tant que membre du *Groupe catalan de sociolinguistique*, cela me permet d'avoir une position relativement distancée et critique en vue de l'analyse de la situation sociolinguistique des langues de France, à partir surtout de la situation du catalan en Catalogne du Nord ou Roussillon.

Je me place dans la perspective des langues territoriales de France. Cette précision est nécessaire étant donnée la présence à cette même Table ronde de collègues représentant les langues des DOM-TOM et celles des migrants. Ces langues sont tout à fait légitimes, mais elles renvoient à d'autres situations sociolinguistiques qui méritent, je crois, d'être traitées séparément.

Henri Giordan[43] dans son *Livre blanc* de 1982 faisait déjà la distinction *entre les langues à base territoriale* et *les langues sans base territoriale*.

---

[43]Giordan, H. (1982): *Démocratie culturelle et droit à la différence*. Ministère de la culture, Paris.

Distinguer les différentes situations sociolinguistiques revient, non pas à affaiblir ou à désunir le mouvement de défense des Langues de France, mais à éviter des confusions qui ne peuvent profiter qu'aux adversaires de leur reconnaissance. Ainsi, le rapport de Bernard Cerquiglini[44] sur les Langues de France, qui comptabilise 87 langues différentes provenant de situations sociolinguistiques tout à fait différentes. Cette énorme quantité ne clarifie rien., même si on les classifie.

L'intitulé de notre Table ronde : *Enseigner la langue **ou** transmettre la culture* est une alternative qui renvoie à une situation typiquement franco-française, car en Europe, il est généralement admis qu'enseigner la langue et transmettre la culture sont une évidence. Pour les spécialistes de didactique des langues étrangères, ce sont deux facteurs indissociables. Pour le Français Langue étrangère (FLE), ou pour n'importe quelle autre langue étrangère pourrait-on admettre la séparation entre la langue et la culture ? La réponse est non, hormis peut-être le cas de la langue anglaise, qui peut parfois tendre à privilégier la langue, car il y a autant de cultures différentes que de pays anglophones qui en font l'usage, et ils sont nombreux.

Pour certaines langues territoriales de France, par exemple, l'occitan, il n'est plus possible d'enseigner uniquement la langue.

---

[44] Cerquiglini, B. (1999): *Les langues de la France*, Rapport. Ministre de l'Education Nationale, de la Recherche et de la Technologie, et à la Ministre de la Culture et de la Communication. Paris.

Des autorités académiques et des enseignants avancent que c'est parce que la langue occitane n'est plus que très peu parlée. Par contre, pour ces langues peu parlées, l'on observe que la culture perdure dans des niches et des pratiques populaires, souvent fortement folklorisées. Ainsi, la culture des langues régionales aurait résisté davantage que la langue, et serait, par là même, plus facile et logique à enseigner aujourd'hui. C'est l'option qui semble correspondre aux directives et aux pratiques pédagogiques répandues dans plusieurs académies. Par ailleurs, en France on passe sous silence le fait que ces langues se trouvent dans une situation sur laquelle pèse depuis au moins deux siècles une forte diglossie linguistique (péjoration). À partir de cette constatation, nous sommes en droit de nous demander si l'État français veut et peut réellement revenir à une certaine normalité (légalisation et enseignement), surtout après avoir été l'agent responsable de leur interdiction et de leur détérioration, on peut exprimer des doutes raisonnables.

Les sociolinguistes savent qu'il n'existe pas beaucoup d'exemples dans le monde de reprise usuelle d'une langue, lorsque celle-ci a atteint *le point de non-retour*, c'est-à-dire un usage très faible. Les exemples sont très nombreux, citons uniquement le gaélique irlandais, langue européenne officielle et protégée, parlée par seulement 2 % de la population irlandaise. Le cas de l'État d'Israël, à partir de 1948, avec la diffusion et la normalisation de l'hébreu moderne, élaboré par Eliezer Ben-Yehudah, représente l'exception de la règle, avec la reprise d'une langue nouvelle en seulement deux ans. Mais Israël possédait en 1948 un État nouveau, des *oulpanim* (écoles de langue) et une armée.

La folklorisation des cultures régionales de France rend plus facile leur enseignement. Il semble que dans certaines situations, il n'est plus prioritaire d'enseigner la langue, mais plutôt de transmettre ce qu'il reste de la culture régionale. Encore faudrait-il l'énoncer clairement et savoir de quel type de culture il s'agit : d'une culture historique (le patrimoine sous toutes ses variantes), bien plus qu'une culture moderne. De plus, il faudrait savoir si l'analyse et la pratique de l'enseignement-apprentissage de la culture se réalisent à la lumière de l'anthropologie culturelle ou des *cultural studies*[45].

Dans certaines situations sociolinguistiques, comme celle de la langue catalane, corse, bretonne, basque, etc. il semble encore possible d'enseigner la langue et la culture. Car il existe dans ces pays une volonté chaque fois plus forte de la renforcer par l'enseignement et les médias et, de plus, parce qu'il s'agit souvent d'une langue conçue comme un aspect significatif de l'identité.

Pour revenir au dilemme opposant langue et culture, il s'agit d'une question structurelle et profondément ancrée, car la priorité donnée à la langue (surtout par les linguistes et les sociolinguistes) s'oppose à la priorité accordée à la culture (par les *civilisationistes),* et que les deux options coexistent et/ou s'opposent au sein même des spécialistes et des départements universitaires des Langues (régionales) de France.

Admettons que former des locuteurs est un dilemme très difficile. Pour que les éventuels locuteurs des Langues

---

[45] Hoggart, R. (1969): *Contemporany cultural studies*, Univ. Birmingham, Centre for Contemporany Cultural Studies

de France ne soient pas que des acteurs virtuels, il faudrait pouvoir compter sur l'existence d'un usage réel dans certains domaines sociaux et d'une volonté politique de normalisation linguistique. Celle-ci semble commencer à exister grâce aux récentes dispositions inscrites dans la Convention État-Région en Bretagne, et dans la Convention État-Département au Pays basque français (Pyrénées Atlantiques). Ces nouvelles dispositions renvoient aux diverses fonctions d'usage de la langue. Mais, à partir de là, s'agit-il de s'orienter vers une conception de la langue uniquement symbolique et identitaire, ou bien, en plus, d'une langue fonctionnelle et utilitaire?

Nous pensons que la langue catalane est une des langues de France, et dans des contextes différents, le corse, le basque et l'alsacien (ce dernier surtout grâce à l'enseignement de l'allemand standard à l'école) à bénéficier de la possibilité d'un usage social de la langue. Les étudiants de Langues étrangères appliquées (LEA) de l'Université de Perpignan ne sont pas spécialement motivés par la dimension identitaire de la langue, mais au contraire, pour son intérêt pratique et professionnel, avec le regard tourné vers le marché du travail de Figuères, de Gérone et de Barcelone.

En conclusion, dans les circonstances juridiques actuelles de l'État français, il semble très difficile, voire impossible, de débloquer la situation sociolinguistique des Langues de France, car elles ne bénéficient d'aucune base de reconnaissance juridique et officielle. D'ailleurs, le Conseil Constitutionnel se charge de faire respecter à la lettre l'officialité unique de la langue française. Les éducateurs des écoles *Diwan* en Bretagne en savent quelque chose. Et tout cela se passe malgré les directives européennes de respect de la diversité culturelle exigée aux nouveaux pays membres.

Observons que la France, un des pays fondateurs de l'Europe est loin de donner l'exemple dans ce domaine. La non-signature par l'État français de la totalité des articles de *la Charte européenne des Langues régionales et minoritaires*[46] étant évidemment en pleine concordance avec l'article 2 de la Constitution qui, jusqu'à présent, n'a pas pu être modifié. Dans ces circonstances adverses, que reste-t-il à faire ? La marge de manœuvre pour les partisans de la défense de ces langues semble très limitée. Cependant, une chose est certaine, cette lamentable situation juridique et politique n'arrêtera nullement la revendication patiente et opiniâtre des partisans du respect et de la défense de toutes les langues de France.

---

[46] La Charte européenne des langues régionales ou minoritaires est un Traité européen, proposé par le Conseil de l'Europe et approuvée en 1992

IV- Langue catalane et diglossie

Colloque international - Université Montpellier III,

décembre 2009.

D'après l'intitulé de notre table ronde, il est évident que l'on n'en finit pas avec la diglossie[47], c'est-à-dire, on n'en finit pas avec le déséquilibre de l'usage social entre le français et, par exemple, l'occitan. Car, pour en finir, encore faudrait-il que le contexte social et politique puisse le permettre. En d'autres termes, il faudrait qu'il existe la volonté politique d'un rééquilibrage ou d'un plus grand respect envers l'occitan.

Mais, ne pas en finir, ou ne pas pouvoir en finir avec la diglossie et ses conséquences signifie qu'on ne pourra plus jamais revenir à une situation de normalité dans laquelle toutes les langues coexisteraient à nouveau, comme avant l'irrésistible ascension des nationalismes des Etats-Nation européens des XIXe et XXe siècles... spécialement de celui de la France.

Par contre, vouloir en finir avec la diglossie, c'est ce que Robert Lafont[48] aurait bien voulu vivre, lui qui avait toujours lutté pour une vision critique et pratique de la sociolinguistique. En 2005, s'adressant aux enseignants des *Calendretas*[49], il leur disait:

---

[47] Diglossie: Utilisation par un même locuteur d'une langue A, ayant du prestige, par exemple, le français, et d'une langue B, sans prestige actuel, par exemple, l'occitan.

[48] Lafont, R. (1978): *Le Travail et la Langue*, Éditions Flammarion, Paris

[49] Les *Calandretas* sont des écoles bilingues occitan-français. En 2016, il existait 62 écoles et 3 collèges, répartis sur 18 départements occitans, pour 3 600 élèves scolarisés.

"Il faut surtout éviter de former des individus monolingues. Il faut en finir avec le traumatisme diglossique imposé à tout un peuple. Voici l'immensité de la mission qui nous attend. Uniquement de cette manière pourra naître une nouvelle occitanophonie, et nous pourrons construire un projet de société désaliénée, en rupture et en opposition totale à celui de l'État-nation centraliste".

Pour aborder le débat, je souhaite évoquer les deux perspectives suivantes:

- De la diglossie généralisée aux fonctions diglossiques.

- Des attitudes diglossiques aux attitudes de loyauté linguistique.

Le *Groupe catalan de sociolinguistique (GCS)* se situe dans la perspective du *conflit linguistique* opposée à la conception anglo-saxonne du *contact linguistique*, avec toutes les conséquences pratiques qui en découlent en matière de politique linguistique, notamment pour la Catalogne. De leur côté, les Québécois ont préféré utiliser le terme d'*Aménagement linguistique*; et le groupe de sociolinguistique de Rouen a opté pour celui de *glottopolitique*; alors que les Anglo-saxons utilisent *Language Planning*. Pour les Catalans la politique linguistique est avant tout une nouvelle perspective politique.

L'apport des Valenciens, Rafael Ninyoles et Louis Aracil, à la sociolinguistique catalane et occitane a été considérable. Et cela parce que le conflit linguistique, culturel et politique, stimulé par les avancées du catalanisme, d'une part, et les soubresauts désespérés du franquisme, d'autre part, avaient conduit la région de Valence à une situation très différente de celle de la Catalogne. C'est dans ce contexte politique que les écrits de Ninyoles sur le conflit linguistique opposant la normalisation de la périphérie péninsulaire à l'assimilation centraliste prennent toute leur signification.

Si nous revenons sur les paroles du sociolinguiste Robert Lafont, nous constaterons qu'actuellement, en Occitanie, et en grande partie au Pays valencien, la diglossie non seulement persiste, mais wlle est encore et toujours généralisée.

Il faut, bien sûr, nuancer dans le cas de la société valencienne, car le conflit linguistique s'est crispé et aggravé ces deux dernières décennies, dans la mesure où la normalisation du valencien a progressé dans l'enseignement et une partie significative de la société (les enseignants, les universitaires et le mouvement culturel) manifestent souvent des positions de loyauté linguistique à la hauteur de celles de l'*autoodi*, ou *self hatred,* c'est-à-dire, du dénigrement de soi et du catalan, que manifeste le *Rat Penat* (association culturelle valencienne et anticatalane) dominé par la droite du Parti populaire de Valence.

Concernant la Catalogne, si nous revenons sur l'ouvrage de Francesc Vallverdu[50] de 1979, je suppose qu'il

---

[50] Vallverdu, F. (1970): *Dues llengües dues funcions?* Editions 62. Barcelone

serait le premier à reconnaître que la question des fonctions diglossiques qu'il dénonçait à l'époque est désormais posée dans des termes différents.

Aujourd'hui, nous constatons que dans les domaines de la littérature, de la presse ou de l'immigration, la situation s'est améliorée, et les déficits sont moins tranchés que lors de la transition démocratique, où tout était à faire. Les éditions et publications catalanes écrites, les journaux, les radios et les chaînes de télévision en catalan se sont renforcés, même si celles du castillan ne se sont pas affaiblies pour autant. Il y a aussi beaucoup plus d'internautes et de jeunes écrivains en langue catalane qu'en langue castillane, et autant de lecteurs de journaux catalans que castillans.

La lecture des journaux en castillan des Catalans des années 80 (*La Vanguardia*) était une des fonctions diglossiques en Catalogne signalée par Vallverdú. Ce n'est pas que, dans ce domaine, la situation se soit totalement inversée, elle s'est équilibrée, mais on ne peut plus parler de fonction diglossique pour la lecture. Quant à la fraction de la bourgeoisie catalane diglossique du quartier huppé de *La Bonanova* (Barcelone), qui parlait castillan, elle a encore aujourd'hui l'accent catalan et le charme discret de la bourgeoisie.

La Catalogne n'est pas un paradis qui aurait éliminé les stigmates de la diglossie. Elle connaît ses propres conflits internes, cependant, ils sont d'une nature tout à fait différente de ceux du Pays valencien, ou encore plus ceux de l'Occitanie. Il est apparu ces dernières années de nouvelles franges sociales issues de la dérégulation néolibérale, qui ont fait irruption sur la scène politique catalane. C'est l'apparition en 2006 de la formation politique *Ciutadans* (Citoyens, inspiré au début par le *Mouvement des Citoyens* de Jean-Pierre Chevènement), qui est venu crisper le débat démocratique (et aussi linguistique).

Des attitudes diglossiques à Valence

Les attitudes diglossiques au Pays valencien font partie de la lutte idéologique entre les deux forces politiques majoritaires (d'un côté, la gauche généralement catalaniste, et de l'autre, la droite anticatalaniste). Les attitudes *d'autoodi* (d'autohaine ou dénigrement de soi) contre le catalan continuent à se manifester.

Le rapport de force entre les partisans et les adversaires de l'unité du catalan dans le Pays valencien semblent tendre vers un équilibre instable, émaillé de conflits politiques. D'un côté, la droite du *Partido Popular* gouverne la Communauté autonome de Valence et les villes de Valence[51], Castellon et Alicante, alors que la gauche est largement majoritaire dans les instances éducatives, universitaires, culturelles et associatives.

Une société occitane toujours affaiblie par la diglossie

Pour ce qui est de l'Occitanie, mais aussi de la Catalogne du Nord ou Roussillon, la diglossie continue à être une attitude généralisée, même si aujourd'hui elle se caractérise par des formes différentes à celle des années 1970-80. Par contre, ce qui est tout à fait nouveau,

---

[51] Depuis 2016, les grandes municipalités d'Espagne: Madrid, Barcelone, Zaragosse, Valence ont été gagnées par la gauche, grâce à *Podemos*.

c'est l'expression d'une forme de loyauté linguistique, manifestée par certains secteurs culturels ou éducatifs avancés, mais non majoritaires (par exemple : la manifestation de Carcassonne de septembre 2009, fut une démonstration de force réussie du mouvement associatif et militant occitan).

Cependant, lorsque la loyauté linguistique ne concerne que certains militants occitanistes ou catalanistes, c'est manifestement très insuffisant.

Loyauté linguistique en Catalogne

Pour être réelle et efficace, cette loyauté doit concerner l'ensemble des citoyens, et de la communauté linguistique. C'est le cas en Catalogne. Joshua Fishman[52], le sociolinguiste de la *Yeshiva University* de New York, l'observait lors d'une de ses visites en Catalogne dans les années 80, des attitudes qu'il qualifiait de sociolinguistiques (les Catalans adoptent une attitude sociolinguisque dans leur vie quotidienne).

D'autres chercheurs dénomment cette attitude, *loyauté linguistique*, à l'opposé de l'attitude diglossique, de *self hatred*, de refoulement ou de deni. Cette loyauté linguistique existe toujours en Catalogne, elle se manifeste dans des circonstances précises, tout comme dans quelques pays très concrets comme le Québec, ou le Pays basque.

Les *Parelles Lingüístiques* (couples linguistiques entre volontaires catalans et immigrés souhaitant apprendre le catalan) sont un exemple de l'attitude de loyauté linguistique

---

[52] Fishman, J.A. (1971): **Sociolinguistique**, Paris, Nathan et Bruxelles, Labor.

de certains citoyens catalans. Imaginons un instant des attitudes semblables en France avec l'aide des préfets... À l'opposé, en Catalogne du Nord nous connaissons la tragique expression de l'écrivain nord-catalan, Miquel Sargatal, qui dans son article, *Itinéraire d'un enfant de la diglossie*[53], exprime les tourments et les difficultés, pour lui insurmontables, de l'expression naturelle en catalan. Il met des mots sur l'indicible souffrance et la douleur linguistique que certains psychiatres connaissent bien.

Des représentations linguistiques à la réalité de la langue

La notion de représentations a été reconnue par les sciences sociales[54]. Mais nous avons été confrontés à une utilisation des représentations d'une manière unilatérale. Ces dernières années, nous avons constaté que la notion de représentation linguistique était largement utilisée par les sociolinguistes catalans jusque dans les enquêtes statistiques conduites par la *Généralité de Catalogne* sur l'usage de la langue de 2003 à 2004 dans l'ensemble des Pays catalans, et en Catalogne du Nord, en particulier.

De son côté l'*Observatoire sociolinguistique Nord-Catalan (OSC)* de l'Université de Perpignan a insisté auprès de l'*Institut Sociolinguistic de Catalunya* (ISC), mais en vain (pour des raisons que nous ignorons), pour pouvoir contraster les données portant sur l'usage réel de la langue par rapport à celles provenant des représentations (enquête téléphonique en français). Nous avons, malgré tout, réussi à réaliser une enquête complémentaire en catalan, en 2004[55].

---

[53] Sargatal, M. (2011): Article dans la revue *Vallespir n° 7*, Centre Culturel Catalan du Vallespir, Céret.

[54] Moscovici, S. (2000): *Social Representations,* Cambridge, Polity Press.

[55] Puig-Moreno, G. (2007): *Les enquêtes Sociolinguistiques en Catalogne du nord.* Revue *Aïnes*

Sans nier la signification des représentations de la langue, nous nous sommes demandé quelle était la raison d'un tel engouement. Si c'est pour détecter une attitude favorable pour la langue ou pour faire apparaître une forte demande sociale, rien de plus normal et compréhensible. Par contre, si c'est pour faire prévaloir les représentations linguistiques par rapport à l'usage réel de la langue, et c'est de cela qu'il était question, alors, on pouvait en conclure qu'il y avait des visées pour le moins subjectives et donc contestables.

Pense-t-on à des représentations favorables du catalan pour influencer les autorités politiques locales ou bien pour motiver les militants ? Dans les deux cas, on prend l'illusion des représentations favorables pour la réalité. Il est évident que la réalité des représentations est un fait, elles existent, elles mettent en évidence des indicateurs, comme le désir d'apprendre ou de parler le catalan, mais on ne peut pas leur faire dire ce qu'elles ne disent pas, c'est-à-dire, laisser croire que le désir des usagers équivaut à l'usage réel, car là, les différences sont flagrantes (en pourcentage, on constate de 10 à 20 points de moins).

La sociolinguistique "périphérique" des années 80-90 existe-t-elle encore ?

Telle que nous l'avons connue dans les années 80, grâce à l'action de Robert Lafont, d'Antoni Badia i Margarit, de Jean-Baptiste Marcellesi et de Brigitte Schieben-Langue, je ne le crois pas. De Francfort en 1979, à Barcelone en 1980, à Montpellier en 1981 et à Rouen en 1984, la sociolinguistique "périphérique" (non seulement par rapport à Paris ou Madrid, mais aussi par rapport à la sociolinguisque anglo-saxonne dominante) occitane et catalane s'est renforcée et a toujours été malgré tout plus conceptuelle que territoriale. Elle a connu un succès considérable, avec le bénéfice pour les Catalans de la première Loi de Normalisation linguistique votée à l'unanimité par le Parlement de Catalogne en 1983, et en France, le vote de la Loi Defferre sur la décentralisation, et le droit à la différence, en 1982.

Actuellement, je crains que la sociolinguistique catalane ne soit plus aussi critique que par le passé. Il est certain que les temps ont beaucoup changé, les processus de normalisation linguistique en Catalogne se sont appliqués et poursuivis, après le vote de deux lois spécifiques au Parlement de Catalogne (1983 et 1989). L'ex-*Groupe catalan de Sociolinguistique* (GCS), désormais, *Société catalane de Sociolinguistique*, s'est fortement institutionnalisé, et est devenu une société filiale et officielle de *l'Institut d'Études catalanes*[56] (IEC), avec près de 100 membres. Après son succès, est-ce la fin d'une belle aventure ?

---

[56] Institut d'Estudis Catalans (IEC): URL.
http://www.iec.cat/activitats/entrada.asp

V- Une identité nord-catalane (en France) ?

Céret, janvier 2010

Pour les Pyrénées-Orientales, Roussillon ou Catalogne du Nord, selon la préférence, la question de l'identité catalane n'est pas un thème secondaire ou anodin. Ce n'est pas un sujet à ranger, comme c'est souvent le cas, dans la rubrique culture, patrimoine et traditions, mais bien un atout décisif autour duquel devra un jour s'articuler le développement économique, surtout pour des villes comme Perpignan et Céret, si proches de Figuères, de Gérone et de la *Catalogne autonome ou Catalogne Principat.*

D'autre part, le département des Pyrénées-Orientales fait également partie d'une ample zone transfrontalière et eurorégionale. Une *Euro-Région Pyrénées-Méditerranée*[57] comprenant la Catalogne, les Illes Baléares, l'Aragon (des pourparlers sont en cours avec la région autonome de Valence), et les deux régions françaises, Midi-Pyrénées et Languedoc-Roussillon). Cette Euro-Région est vouée à se développer dans des décennies à venir, tant du point de vue économique que de la transformation et de l'aménagement du territoire, avec la création de nouvelles infrastructures.

De plus, il faut aussi tenir compte de la différence du taux de la croissance économique de part et d'autre de la frontière.

---

[57] http://www.euroregio.eu/es/page-daccueil

Avant la crise économique de 2007-2008, la Catalogne autonome connaissait une croissance du PIB de 3,50% par an, alors que les Pyrénées-Orientales et la région Languedoc-Roussillon en étaient seulement à 0,70% par an. Des villes comme Céret, Le Boulou, Argelès, Port-Vendres ou Thuir, de par leur situation géographique, proche de la frontière auraient tout à gagner, à se projeter résolument dans l'Europe. La majorité des habitants de la Catalogne du Nord le souhaitent, tout en affirmant et en renforçant leur propre spécificité culturelle et leur identité qui, en fait, n'est pas si éloignée de celle des voisins et cousins catalans de Figuères.

Rien ne justifie que le développement économique de cette région soit inférieur à celui de la Catalogne *Principat*, de l'Empordà et en particulier de Figuères ou de Gérone. Sans doute la grande différence provient d'une tradition industrielle, entreprenariale et culturelle qui a suivi des chemins et des modèles divergents. Cependant, dans un proche avenir, ils devraient tendre à converger. Et pour atteindre cet objectif, une politique basée sur des conventions et des collaborations devra être approfondie et développée, entre tous les agents sociaux et toutes institutions publiques et privées, de part et d'autre de la frontière, en particulier, entre *l'Empordà* et le Vallespir. Voilà pourquoi les *jumelages* de nos villes sont si importants.

C'est l'objectif de l'Eurodistrict dont le comité de pilotage a été créé à Céret, en 2007, entre le Conseil Général des Pyrénées-Orientales et la Délégation de Gérone de la *Généralité de Catalogne*. L'Eurodistrict[58] est destiné à encadrer

---

[58] http://www.eurodistricte.cat/fr/quest-ce-que-leurodistrict

juridiquement les actions en cours et à faciliter le développement d'une stratégie à court et moyen terme appuyée sur des réalisations concrètes, des projets et des conventions bilatérales dans tous les domaines de la vie économique, sociale et culturelle.

Pour le futur de la Catalogne du Nord, il faudrait pouvoir sortir de *l'économie de la rente* stigmatisée par l'économiste nord-catalan Henri Sola[59], et relever les défis liés au développement économique et au respect de l'environnement, et à ceux de l'éducation et de la culture. Tout en sachant que ces quatre objectifs n'excluent pas, bien au contraire, tous les autres domaines concernant l'urbanisme, les infrastructures, les équipements sociaux, le logement, la santé, etc.

Ces domaines sont interdépendants, mais le développement économique est capital. Voilà pourquoi il faudra opter pour un modèle de croissance souhaité par les habitants et qui soit maîtrisé du point de vue de l'environnement. Les entreprises industrielles, et de services susceptibles de s'installer dans cette zone devront s'engager à respecter un cahier de charges environnemental exigeant. À ce sujet, les municipalités du Vallespir devront donner l'exemple en économies d'énergies, en recyclage et en création d'énergies renouvelables (exploitation forestière).

En ce qui concerne l'éducation et l'enseignement scolaire public nous proposons, la poursuite du renforcement des filières bilingues français-catalan dans le

---

[59] Solans, H. (1993): *Essai sur l'économie des Pyrénées Orientales.* Ed. Le Publicateur. Perpignan

secteur primaire et dans le secteur secondaire (collège et lycée) avec un suivi et une évaluation des résultats des élèves bilingues, en accord avec les enseignants, les parents d'élèves et l'Inspection d'Académie qui, de son côté, s'est engagée à protéger et à développer ce type d'enseignement. Les spécialistes et psycholinguistes québécois, belges, suisses et catalans reconnaissent depuis les années 1960 le bien-fondé et les avantages de l'enseignement bilingue en âge précoce. Précisons que les filières bilingues concernent les secteurs primaires et secondaires des Pyrénées-Orientales, et que Céret est la seule ville à connaître des pourcentages élevés de ces filières bilingues français-catalan, près de 50%, alors qu'il n'est que de 5,00% dans le reste du département.

L'objectif de cet enseignement bilingue est central, car il tend à préparer nos enfants pour l'accès à un marché du travail plus large et ouvert de part et d'autre de la frontière, sur l'*Empordà*, sur toute la Catalogne, et au-delà, sur toute l'Eurorégion qui s'étend aux Communautés autonomes des Baléares, de Catalogne, de l'Aragon, de la région Midi-Pyrénées et celle du Languedoc-Roussillon (soit une aire eurorégionale de 14 millions d'habitants).

La langue catalane est non seulement officielle dans certains de ces territoires, mais de plus c'est une langue de travail et de promotion sociale, notamment en Catalogne. Langue, identité et développement économique sont intimement liés et constituent un facteur d'auto-estime qui est la base d'une fierté et d'une énergie collective nouvelle, que la Région Bretagne, qui a signé une convention Etat-Région en 2002, expérimente également, sur les plans économique, culturel et linguistique.

La question de l'utilité de la langue rejoint celle de la modernisation de la culture. Une conception moderne de la culture catalane (officielle et palpable en Catalogne de l'autre côté de la frontière) qui ne peut pas se satisfaire de la seule référence au patrimoine et à un passé, qui se pratique trop souvent dans le Roussillon. Il faudrait réussir à combiner les deux aspects de la culture : d'un côté, connaître le passé et défendre le patrimoine, et de l'autre, opter pour la modernité, la création et le futur. La langue et la culture catalanes possèdent un riche passé millénaire, c'est la raison pour laquelle elle peut se projeter sans crainte vers l'avenir.

Un peuple qui perd sa langue, perd son identité proclamait le chanteur valencien Raimon[60] à la fin du franquisme, et les Catalans ont tout fait pour sauver une langue à laquelle ils sont très attachés. Par contre, pour les Catalans du nord, en France. La perte de la langue catalane s'est traduite par une identité nouvelle plus ou moins bien assumée. Cependant, toute perte linguistique est néanmoins une blessure profonde, et peut devenir un handicap.

Dans l'identité française, on a trop souvent exclu, puis négligé le maintien des identités historiques et régionales (qui peuvent, malgré tout, se manifester lorsqu'on s'y attend le moins), alors que l'on peut parfaitement les tolérer, les protéger et les assumer. Les Catalans du *Principat,* de l'autre côté de la frontière, conçoivent le bilinguisme et le maintien de deux cultures, comme une richesse. Sur le plan individuel, nous connaissons et vivons tous, plusieurs

---

[60] https://ca.wikipedia.org/wiki/Raimon

identités à des titres différents, qui ne s'excluent pas forcément, bien au contraire. Par contre, c'est quand on les ignore, qu'on les refoule, ou que l'on ne les assume pas, qu'elles deviennent un handicap. Les pays connaissent également ce même dilemme.

Rajoutons finalement que les directives et les orientations de l'Union européenne sont très claires au sujet du droit des minorités et des langues et cultures régionales. L'Europe indique le chemin de la tolérance et du respect de la diversité. Il faut accepter et respecter cette diversité et la concevoir comme une chance et une richesse pour le développement, et non pas comme un danger qui menacerait l'identité française. Une République toujours plus démocratique devrait continuer à évoluer, et aurait tout à gagner à reconnaître, respecter et promouvoir sa propre diversité. Le grand historien de la Méditerranée et de l'identité, Fernand Braudel, serait sùrement d'accord avec cette perspective.

VI- Défense des langues de France

Céret, janvier 2010

La rédaction de ce texte a commencé en avril 2007, dans le cadre de la campagne du jeune et brillant candidat socialiste, nommé par le Conseil National du PS, avec l'accord de tous les courants, Olivier Ferrand[61], fondateur du *think tank* Terra nova. Il fut le divulgateur de la notion de primaires en France, décédé prématurément le 30 juin 2012, tout juste après avoir été élu député de la 8e circonscription des Bouches-du-Rhône.

En 2007, il avait été choisi par le Bureau national au titre du renouvellement, lors des élections législatives de 2007 pour la 4e circonscription des Pyrénées-Orientales (il avait fait ses armes dans ce département lors de son stage ENA, auprès du polémique préfet Bernard Bonnet). Cette élection a été perdue par Olivier Ferrand, et gagnée de très peu par Pierre Aylagas, maire d'Argelès-sur-Mer et dissident appuyé per la Fédération PS des Pyrénées-Orientales, dirigée par Christian Bourquin, qui s'opposa au *parachutage* d'Olivier Ferrand.

À l'époque, Olivier Ferrand m'avait demandé de travailler sur la question de la langue catalane, à partir de quelques idées simples, mais très avancées, aussi bien sur la langue que sur les relations avec la Catalogne autonome qu'il connaissait bien, depuis son passage comme conseiller auprès de Romano Prodi au Parlement Européen.

---

[61] https://fr.wikipedia.org/wiki/Olivier_Ferrand

Ses idées sur la question tranchaient avec la conception traditionnelle et timorée du *catalanisme* de la fédération PS des Pyrénées-Orientales.

Carte 2 : Langues et dialectes de France.

© Jacques Leclerc, Québec, 2007

Lors des élections présidentielles de 2007, la question de l'identité de la France avait surpris beaucoup le monde. Une fois dénoncé l'amalgame entre identité et immigration, la gauche ne pouvait pas laisser de côté cette question délicate, dans un monde chaque fois plus globalisé et confus, et dans lequel tous les repères identitaires traditionnels s'estompent. On ne pouvait pas, et on ne peut toujours pas, laisser la question de l'identité de la France dans les mains de la droite, qui puise ses arguments dans l'arsenal idéologique de la droite extrême.

De mon côté, je n'imaginais pas qu'il me faudrait revenir sur le concept complexe d'identité qui renvoie à des situations très diverses d'intégration, et de pluralisme, sur lesquelles j'avais travaillé il y a une quinzaine d'années à l'Université Autonome de Barcelone, où je dirigeais un master d'Éducation interculturelle[62]. À l'époque, et plus précisément à propos du concept d'identité, je m'étais inspiré de l'historien lorrain Fernand Braudel, spécialiste de la Méditerranée qui, dans son dernier ouvrage inachevé, réfléchissait sur *l'identité de la France*[63]. Une identité, pour lui, toujours recommencée, toujours en construction depuis le fond des âges, toujours contradictoire, plurielle et surtout dynamique, jamais terminée.

Fernand Braudel répondait comme un écho lointain à la question d'Ernest Renan, qui, déjà à la fin du XIXe siècle, se demandait *qu'est-ce qu'une nation?*[64]. Ce philosophe et historien rationaliste, d'origine bretonne, se demandait *si la Nation n'était pas un plébiscite de tous les jours*. Actuellement, en ces temps d'introspection collective et identitaire, certains commentateurs affirment qu'être Français c'est vouloir vivre ensemble, ou plus simplement encore *être français, c'est le vouloir,* comme l'a écrit l'historien Michel Winock, en 2009 dans le Nouvel Observateur.

---

[62] http://edo.uab.cat
[63] Braudel, F. (1986): *L'identité de la France* [63]. Ed. Flammarion, Paris
[64] Renan, E. (1882): *Qu'est-ce qu'une nation ?* Ed. Calmann-Levy, Paris

Réfléchir sur l'identité à l'instar de Fernand Braudel (1902-1985) implique un rapport à la *Nation* telle que l'ont pensée bien avant, Jules Michelet (1801-1893), Victor Hugo (1802-1885), Ernest Renan (1823-1892), Jean Jaurès (1859-1914), Charles Péguy (1873-1914), Jacques Bainville (1879-1936), et d'autres écrivains et historiens. Puis, après l'effondrement de la IIIe République en 1940, il faut également citer des hommes tels, Jean Moulin (1899-1943), Albert Camus (1913-1960), et Pierre Mendès-France (1907-1982), etc. parce qu'ils ont actualisé le concept de nation; ils ont animé et partagé les valeurs de la Résistance et de la République française sur des bases démocratiques et sociales nouvelles.

De l'identité à la nation et vice-versa

Le terme de *nation* a beaucoup évolué au cours de l'histoire. En résumé, nous pourrions admettre, d'après les dictionnaires, que:

> *La nation est une communauté humaine dont les membres sont unis par des liens de solidarité matériels et spirituels et qui a un moment donné ont pris conscience de former une entité distincte des autres communautés humaines.*

Cette *entité distincte*, cette différence, qui est souvent vécue comme une opposition parfois radicale aux autres communautés nationales devrait être aujourd'hui révisée, ou du moins amoindrie ou complétée, dans le contexte de l'émergence d'une identité supranationale européenne, qui reste bien sûr à définir.

Cette définition contemporaine de la *nation* est une synthèse entre deux conceptions qui se sont souvent affrontées tout au long du XIXe siècle. D'une part, une conception qui fonde la *nation* sur les liens matériels et ethniques tels que la langue, la culture et la religion (la conception historique et culturelle allemande), et d'autre part, une conception plus volontariste qui base la *nation* sur un ensemble de critères spirituels rattachés au passé (comme l'histoire et les traditions), mais aussi à des critères tournés vers l'avenir (la volonté de vivre ensemble), qui est la conception d'Ernest Renan.

On peut aussi opter pour la définition plurielle et dynamique de l'identité nationale selon l'historien de la longue durée, Fernand Braudel. Celle-ci m'a conduit à la conclusion que nous étions, nous-mêmes, en tant qu'individus, porteurs de plusieurs identités. Je me basais sur ma propre expérience qui, dans le fond, est celle de nombreuses personnes ayant séjourné et connu des pays différents. La question des appartenances plurielles et celle de l'identité personnelle ont été théorisées par les psychosociologues québécois Marissa Zavalloni et Louis Guérin[65]. Ce qui m'a conduit à publier un texte traitant de ce même sujet, présenté à la Sorbonne en 1995[66], en hommage au linguiste catalan, Antoni Badia i Margarit, un de mes directeurs de thèse, avec Robert Lafont.

---

[65] Zavalloni, M. & Guèrin, L. (1984): *Identité sociale et conscience.* Ed. Privat, Toulouse.

[66] Puig-Moreno, G. (1995): *"Le jeu des identités complémentaires"*, *Ed.* M.C. Zimmermann, Paris.

À l'époque, je me demandais ce que signifiait, pour moi-même, être Catalan, Espagnol ou Ibérique, Méditerranéen et Européen et, sans doute, ces questions sont toujours d'actualité partout en Europe. J'argumentais que les Catalans, et tous ceux qui connaissent et vivent des situations de pluralisme culturel et de contact multilingue et multiculturel, sont contraints de combiner au moins deux identités, deux langues et deux cultures, et surtout tâcher de les rendre compatibles, complémentaires et positives, afin qu'elles ne soient pas vécues comme contradictoires ou schizophréniques. Double identité donc, mais à des titres différents, et pour des fonctions communicatives, sociales, psychologiques et identitaires également différentes.

Dans le cas des Nord catalans, l'une souvent plus générale (l'identité française), nationale et sociologique, l'autre (l'identité catalane) parfois plus spécifique, familière, régionale, historique et profonde. Toutes deux symboliques, mais renvoyant à des histoires et à des cultures différentes, que l'on a trop souvent eu tort d'opposer et qu'il faut réconcilier, expliquer et rendre compatibles.

Charte européenne des Langues régionales et minoritaires

C'est tout le sens de la *Charte Européenne des Langues régionales et minoritaires,* adoptée par l'Europe en juin 1992 et entrée en vigueur en mars 1998 ; rappelons que c'est une initiative des socialistes français et européens. Malheureusement en France, les différents gouvernements de droite (RPR et UMP) l'ont bloquée et repoussée à plusieurs reprises, et rendue irréalisable en raison de l'Article 2 de la Constitution, introduit par la Loi Toubon d'août 1994. Une situation anachronique, comme l'écrit Alain Renaut[67], professeur de philosophie morale et politique de l'Université de Paris-Sorbonne.

> *(…) au fond, refuser de signer la Charte équivaut, sur ce point concret et très significatif, à mettre la République française en marge de l'Union européenne. Elle a choisi la voie ethniciste qui fait de la France le seul pays à imposer une langue officielle unique dans sa Constitution, sans faire référence au statut de ses propres langues historiques (…).*

C'est contre toute vision exclusive d'une identité française monolithique et immanente qu'il faudrait se dresser, tout simplement parce que c'est contraire au sens historique, au respect de l'autre, au pluralisme et à la démocratie. Pour éclairer les grandes lignes de la politique à suivre, en matière de langues régionales de France, il suffit, pour commencer, de se référer aux travaux des spécialistes et des responsables politiques. Rappelons que, dès avril 1998, Lionel Jospin chargeait le député européen du Finistère Bernard Poignant de rédiger un rapport sur les langues et cultures régionales avec les principes suivants :

La position de Lionel Jospin (1998)

> *Les langues régionales sont une richesse de notre patrimoine culturel. J'ai tenu à affirmer cette conviction devant l'assemblée parlementaire du Conseil de l'Europe. Le temps est, en effet, révolu où l'État pouvait considérer que l'enseignement de ces langues était de nature à menacer l'unité nationale.*

---

[67] Renaut, A. (2002): *Alter Ego: Les paradoxes de l'identité démocratique.* Ed. Flammarion. Paris.

Si, comme le prescrit aujourd'hui notre Constitution, la langue de la République est le français, il reste encore à donner à l'enseignement des langues régionales toute la place qui doit être la sienne. La situation de l'enseignement de ces langues est sans doute mal connue, contrastée suivant les régions et insuffisamment mise en valeur en dépit de la politique volontariste menée au cours de ces dernières années (...) Je souhaite en conséquence que vous dressiez un état des lieux avec ses points forts et ses points faibles. À partir de ce bilan, il vous appartiendra de formuler toute proposition permettant d'assurer le développement harmonieux et concerté de l'enseignement de ces langues, tout en tenant compte des impératifs budgétaires. Par ailleurs, votre réflexion ne devra négliger ni les aspects institutionnels ni les aspects culturels de la question (...) afin de mieux assurer leur diffusion hors du domaine de l'enseignement. L'état des lieux concerne les 4 chapitres suivants :

- *La situation des langues et cultures régionales,*
- *Les aspects institutionnels les concernant,*
- *L'enseignement et la formation,*
- *La culture, les médias, la création, la diffusion.*

Bernard Poignant concluait son rapport ainsi:

Plus la planète sera un village, plus l'information du monde arrivera chez soi, plus la circulation des images se démultipliera, plus chacun d'entre nous aura besoin de repères proches. Ceux-ci resteront nationaux. Ils seront aussi locaux et régionaux. Nous appartiendrons à toutes les strates de notre vie: local, national, européen, mondial. Il vaut mieux maîtriser cette évolution que de la subir. Il vaut mieux anticiper de façon positive que suivre à reculons. Il y va de la prise en compte de l'attente de nos concitoyens comme du rayonnement de la France à l'étranger. La place faite aux langues et cultures régionales doit illustrer, accompagner et soutenir les grands choix vers lesquels le pays s'est engagé ou a commencé à le faire:

· Le choix européen: *Notre exception culturelle en Europe ne doit pas signifier l'exclusion de notre diversité linguistique et culturelle en France. C'est pour cela que la position à l'égard de la charte européenne des langues régionales ou minoritaires est importante. C'est pour cela que le gouvernement doit faire le choix de sa signature et prendre le chemin de sa ratification.*

· Le choix girondin: *La reconnaissance des langues et cultures régionales est en quelque sorte un prolongement logique de la décentralisation. Celle-ci n'est pas un mouvement terminé. Ce choix n'est pas contradictoire avec l'affirmation de l'importance de l'État. Le besoin d'État est essentiel, mais sa forme concentrée est paralysante. La République est notre forme de vie en commun, mais sa forme jacobine a épuisé ses effets.*

· Le choix de la Francophonie: *La langue française a besoin d'être développée à l'étranger. Elle est notre langue commune. Son rayonnement à l'extérieur comme langue étrangère, sa défense comme langue minoritaire seront d'autant plus convaincants que la place des langues de France sera affirmée. Nous sommes un pays qui connaît une grande diversité de langues parlées, qu'elles soient historiques ou issues de mouvements migratoires. Voilà pourquoi la langue française est primordiale, c'est pour cela qu'il faut avoir une politique suivie et cohérente pour les autres.*

· Le choix du multilinguisme: *Connaître ou apprendre deux, trois, quatre langues est sans doute l'horizon de la jeunesse* *pour le XXIe siècle. C'est une bonne chose pour l'échange entre les hommes, pour la vie professionnelle ou simplement touristique, pour la compréhension entre les peuples et leur respect réciproque. La langue française, la langue régionale, dès le plus jeune âge, ne sont pas des handicaps pour apprendre une langue étrangère. Certains disent que la troisième langue est toujours plus facile à aborder. Un tel choix constitue un enrichissement pour le pays tout entier et un épanouissement pour tous ceux qui s'y engagent.*

Après l'analyse, l'état des lieux, les propositions, ce sont les dernières raisons qui plaident en faveur d'une politique positive pour les langues et cultures régionales (...).

Je voudrais faire un seul commentaire à cette intéressante conclusion, à propos du choix girondin de Bernard Poignant. Contrairement à lui, je ne pense pas du tout que *la forme jacobine de l'État ait épuisé ses effets* négatifs, car sa *forme concentrée et paralysante* est toujours aussi prégnante et forte, que ce soit à travers les institutions républicaines, ou par la conscience dominante de ses citoyens. Le jacobinisme a disposé de 220 ans pour imposer dans les mentalités sa forme concentrée d'État, on peut donc se demander s'il en faudra tout autant pour parvenir à une forme déconcentrée, plus tolérante et respectueuse de sa propre diversité culturelle et linguistique. Ce serait plus conforme à l'histoire de la longue durée si chère à Fernand Braudel. Quant au choix girondin, il est, encore aujourd'hui, très difficile à défendre en France. Tout d'abord parce que ce sont les grands perdants de la Révolution française, dont certains ont été littéralement guillotinés, et définitivement écartés du pouvoir par les jacobins en octobre 1793 (Brissot,

Condorcet, Gensonné, Vergniaud, Madame Manon Roland, Isnard, Buzot, Guadet, Clavière, Olympe de Gouges, etc.).

Les Girondins sont peu connus, Lamartine a bien écrit une *Histoire des Girondins* en 1847, et Victor Hugo, son *Quatre-vingt-treize*, mais ce n'est que très récemment que des historiens comme François Furet et Mona Ozouf [68] ont analysé leur rôle précis sous la Révolution. Les auteurs de manuels scolaires ont négligé de préciser que Charlotte Corday était proche des Girondins de Caen, et certainement influencée par Olympe de Gouges. En fait, cette bourgeoisie et petite noblesse républicaine des provinces, éclairée par les encyclopédistes, qu'étaient les Girondins, était majoritaire sous *l'Assemblée législative* de 1791 à 1792, mais par la suite, sous la *Convention nationale* (1792-1795) ils se sont divisés en plusieurs fractions et ont commis des erreurs à propos de la guerre contre les coalitions antirévolutionnaires, que jacobins et Montagnards n'ont pas manqué d'exploiter.

Les Girondins étaient fédéralistes, à l'instar des membres fondateurs de la constitution de la République fédérale adoptée par les partisans de l'Indépendance des États-Unis d'Amérique. Celle-ci était dirigée par George Washington et s'était déroulée avant la Révolution française, de 1775 à 1783; elle avait notamment reçu une aide en armes de la France, et avait compté sur la participation de La Fayette. Se revendiquer aujourd'hui des Girondins, comme le fait Bernard Poignant n'a plus, à mon sens, grand intérêt, si ce n'est de parier sur une

---

[68] Furet, F. & Ozouf, M. (1991): *La Gironde et les Girondins,* Éditions Payot, Paris.

décentralisation progressive de l'État, sur la consolidation de la régionalisation, et sur la défense des régions et de langues historiques de France. Des hommes politiques actuels de droite et de gauche, tel Bernard Poignant, de manière explicite, mais aussi Michel Rocard, François Bayrou, Alain Juppé, ou encore Jean-Yves Le Drian, entre autres, bien que n'ayant aucun lien entre eux, pourraient bien nous faire penser à des girondins inavoués ou déclarés, parce qu'ils sont très attachés à leur territoire régional, et certains ne cachent pas leur aversion envers la politique et le style de la capitale, toujours aussi *versaillaise* et centralisatrice…

La diversité et la question de l'État démocratique

Will Kymlicka[69], philosophe canadien, un des spécialistes les plus renommés dans le domaine des minorités, met l'accent sur l'évolution majeure du débat au cours de ces quinze dernières années, sur la question de la défense du droit des minorités et au pluralisme culturel : ce n'est plus, selon lui, le domaine réservé des spécialistes, mais aussi la responsabilité de la société et de l'État démocratique. Il s'agit, selon ce spécialiste:

---

[69] Kymlicka, W. (2000): *Multicultural Citizenship,* Clarendon Press, Oxford.

d'un progrès considérable dans deux directions. En premier lieu, on a maintenant dépassé une vision stéréotypée des groupes minoritaires et l'on connaît exactement les demandes des communautés historiques ou ethniques qui souhaitent être reconnues, respectées, trouver leur place et s'intégrer dans le cadre de l'État démocratique. On peut désormais réinterpréter les exigences des minorités et éviter de n'y voir que des attitudes défensives opposées à l'État démocratique, mais des efforts considérables qui tendent à identifier et à exiger les valeurs de respect, de liberté et d'égalité en vue de la défense de la langue, de la culture et de l'identité. On doit d'autre part abandonner la conception archaïque et naïve selon laquelle l'État serait culturellement neutre. Il ne l'est pas du tout. On doit comprendre la complexité de l'État comme une construction et un processus institutionnel perfectible auquel nul principe national ne peut contrevenir. À partir d'une telle conception, nous pouvons considérer que les exigences des minorités ne tendent pas à l'obtention de privilèges particuliers, mais qu'ils réclament une rectification des politiques négatives de l'État qui ont causé des dommages historiques, parfois irréparables, à l'égard des langues et cultures régionales ou ethniques. Le noyau du débat tourne autour de la nouvelle conception de l'État et du développement de la théorie démocratique pour ce qui est du respect et de l'obtention des droits de ses minorités.

En application de ces principes, on constate que dans l'État espagnol, après la Transition démocratique de 1978-1981, les Communautés autonomes historiques (la Catalogne, le Pays basque, la Galice et l'Andalousie, la dernière arrivée) ont fait des efforts considérables pour moderniser le modèle des autonomies, en vue de renforcer le pluralisme linguistique et culturel. En revanche, l'État français apparaît, de plus en plus, comme l'un des États le plus récalcitrant et intolérant d'Europe (excepté quelques hommes politiques, comme Michel Rocard ou Lionel Jospin), ne voulant ou ne pouvant pas résoudre la question juridique et le respect de ses propres langues et cultures régionales. En France, la situation politique se trouve paralysée en raison d'un blocage constitutionnel provenant d'une conception républicaine crispée, archaïque et ethnocentrée, et cela en dépit des orientations de respect de la diversité exigées, à cet égard, aux nouveaux pays membres par l'Union européenne. Dans ce domaine concret, on peut se demander où sont les valeurs humanistes de la France, qui se dit et se veut universelle. L'hypercentralisme de l'État, d'une part, et le non-respect de la Charte européenne, d'autre part, ne seraient-ils pas la face cachée du pays des Droits de l'Homme? Il est grand temps que les dirigeants politiques français reprennent le fil des principes d'ouverture et de respect du pluralisme linguistique et culturel et fassent de nouvelles propositions dans ce domaine, comme avait commencé à le faire Gaston Deferre, en 1982, puis le gouvernement de Lionel Jospin en 1998. Comment retrouver le souffle de la France plurielle, comme celle de 1998?

La réforme des collectivités territoriales proposée par la Commission Baladur en 2007-2008 aurait pu être une occasion pour présenter une vision nouvelle sur la question. Certains hommes de gauche ont bien mentionné les points d'accord et de désaccord, ainsi qu'un rappel des apports réalisés depuis les grandes lois de 1982/83, dans le but d'approfondir la régionalisation et la décentralisation. Au fil du temps, les avancées que ces lois ont réalisées ont été reconnues par ceux-là mêmes qui les avaient combattues avec vigueur. Elles ont été amplifiées par les lois Joxe (1992), Chevènement (1999) et Vaillant (2002). En 2003, le gouvernement Raffarin n'a pas répondu aux espoirs suscités par ce qui devait être, selon lui, l'An 2 de la décentralisation.

Il faudra revenir sur la conception, le rôle et la fonction future des régions. De même, il faudra réfléchir à la métropolisation d'une vingtaine de grandes villes françaises pouvant avoir, ou ayant déjà, une projection mondiale. Dans la perspective d'un effacement progressif des départements (ces derniers continuent à bénéficier d'une adhésion des citoyens français, dans la mesure où ils représentent encore un legs de la révolution et des jacobins), il faudra concilier le développement et l'harmonisation des communautés des communes avec celle de l'émergence des pays historiques ou naturels, ou en création (Loi Voynet de 1999), par exemple et cités au hasard : l'Artois, le Béarn, le Berry, le Quercy, le Rouergue, la Saintonge, le Poitou, la Lomagne, la Cerdagne, le Conflent, le Vallespir, etc.

La complexité et l'enchevêtrement des différents organismes territoriaux de l'État français (le fameux mille-feuille) rendent la situation de plus en plus difficile à comprendre et à supporter pour les citoyens. En effet, régions, départements, cantons, pays, communautés de communes, communes... Certains territoires devront sans doute se renforcer et d'autres s'amoindrir, sinon disparaître. C'est un chantier énorme.

VII- Georges Frêche
et Tartarin de Tarascon

Céret, 2010

Reprenons quelques arguments de Jean-Claude Souléry, journaliste et rédacteur en chef de la Dépêche du Midi, de Toulouse, car dans un article de 2010, il essaie d'opposer les *«gens de cour parisiens»* à un homme politique haut en couleur, du cru méditerranéen et languedocien, Georges Frêche. Un homme authentique attaché à cette terre et *«aux ceps de vigne»*. Je ne suis pas parisien, mais barcelonais, donc Catalan et Méditerranéen aussi et, de plus, disciple de notre regretté Robert Lafont, le grand dirigeant occitaniste et professeur de l'Université de Montpellier III, qui connaissait bien Georges Frêche.

J'aurais bien aimé connaître l'opinion de Robert Lafont dans le cas qui nous occupe. Je me souviens très bien d'un concept psychosociologique qu'il avait élaboré pour caractériser le personnage de Tartarin de Tarascon, le terrible chasseur de lions d'Alphonse Daudet: il s'agissait du concept d'*ethnotype*, un archétype particulier, qui s'attache à un territoire et une culture spécifiques, et qui, de plus, est fortement stéréotypé. Or, il se trouve que Georges Frêche nous offre depuis quelques années une variante politique de l'ethnotype languedocien, selon Robert Lafont (il n'est d'ailleurs pas seul dans le Languedoc-Roussillon). Sa manière d'être et de parler, la fameuse «tchatche», et son opposition farouche aux Parisiens connaissent de nombreux adeptes locaux. C'est par ailleurs une recette politique relativement facile, qui rapporte beaucoup de voix populaires, lors des élections régionales et municipales.

Heureusement, le Sud méditerranéen ne se résume pas à cet *ethnotype* caricatural, le contraire a bel et bien existé, au Moyen-âge, il y a eu les troubadours et Clémence Isaure (ce personnage médiéval et légendaire qui restaura les Jeux floraux de Toulouse), et puis, plus près de nous, le grand écrivain et poète symboliste, Paul Valéry, Charles Trenet, Georges Brassens, et tant de personnages illustres, qui offrent une vision culturelle et humaniste d'un grand sud méditerranéen, qui a toujours existé, et qui a brillé.

Après les escarmouches qui ont opposé Georges Frêche à la direction nationale du PS (vu comme étant exclusiment parisien), voilà pourquoi Jean-Claude Souléry affirmait haut et fort, lui aussi, comme il convient dans le midi:

«Pourquoi il parle tout le temps! Il pourrait la fermer! Juste un peu! Juste le temps de la campagne! Mais, que voulez-vous, Georges Frêche est comme ça, il parle haut et fort comme on parle en Languedoc. Pour les âmes bien nées, ses écarts de langage ressemblent à des gros mots, il parle par à-coups, par rafales, une vraie tramontane à décorner les Parisiens et autres gens de cour. On ne fait pas dans la dentelle au pays des ceps de vigne ».

On peut sans doute admettre que son invective contre Laurent Fabius était très peu orthodoxe. Antisémite, comme certains le pensent? Ce serait faire un mauvais procès à Frêche, ceux qui le connaissent le nient. En revanche, ces propos ne sont pas très fraternels, et on les dénonce volontiers. Mieux aurait valu ne jamais les avoir prononcés. Méritaient-ils un procès en sorcellerie, digne de la sainte Inquisition socialiste?

Car la réponse officielle du Parti socialiste participe de la même outrance dans le vocabulaire, car elle en appelle aux plus hautes «valeurs morales» de la gauche, certains dignitaires craignant même de «perdre leur âme» si par malheur le Président iconoclaste de Septimanie offrait à la gauche une probable victoire !

Ainsi, au nom de la pureté idéologique, le PS se lance dans un combat incertain, un combat déchirant pour Martine Aubry et la maire de Montpellier. Il leur faudra affronter celui-là même que les militants socialistes du cru soutiennent à une tonitruante majorité! Pas encore la rupture ni le congrès de Tours ou de Dijon, mais déjà le PS du nord, contre le PS du Languedoc, ça ne vous rappelle rien ?

Une nouvelle fois, nous assistons au fantastique décalage entre le discours élitiste parisien et la réalité du terrain, beaucoup plus prosaïque.

Car les gens de cette région du Sud, celle des troubadours, des «tchatcheurs» ne croient guère au principe de précaution oratoire! Bruyante, fanfaronne, peut-être, mais pas si grossière que ne le pensent les gens de salons. Georges Frêche est un homme historique qui a su gérer cette terre de vignerons et hommes de culture, avec de la réussite et du panache pour emporter depuis tant de temps, approbation et soutien.

VIII- Le clanisme politique dans le Sud méditerranéen

Céret, 2011

Une dizaine d'années sont-elles suffisantes pour se faire une idée sur les pratiques politiques d'une région méditerranéenne comme le Roussillon ? Tout dépend de l'observateur et de son objectif. Je suis originaire de Barcelone, et donc de la Catalogne dite espagnole, qui n'est pas si éloignée de la Catalogne dite française, ce fait peut expliquer mes motivations.

D'autres observateurs que moi provenant du nord de la France, peuvent arriver aux mêmes conclusions, mais concentrons-nous sur certaines pratiques politiques des Nord catalans. Si l'objectif de notre propos est le décodage et la compréhension des comportements et des attitudes sociopolitiques, alors nous devons d'abord esquisser une brève contextualisation historique et culturelle que l'on peut faire remonter, en gros, à la seconde moitié du XIXe siècle. Car c'est à partir de cette époque que vont commencer à se creuser les différences structurelles, sociales et économiques avec les régions voisines, celles de Toulouse et de Montpellier qui vont commencer à se transformer, mais surtout celle de la région de Barcelone où la différence sera beaucoup plus flagrante.

Montpellier et le Languedoc

Selon une étude économique de la préfecture de la région Languedoc-Roussillon de 2001[70],

> *Au début du XIXe siècle, la spécialisation des territoires du Languedoc va se renforcer : le haut Languedoc voit son économie se contracter à cause du morcellement de la terre et devenir un pays de productions céréalières et de polyculture; dans le bas Languedoc, la prospérité industrielle du XVIIIe siècle, fondée sur le textile, est entrée en crise à cause de l'évolution des techniques, mais aussi parce que la viticulture commence à offrir des revenus plus rapides. Le bas Languedoc est devenu à la fin du XIXe siècle un grand vignoble de 450000 hectares qui trouve des débouchés grâce à la construction de chemins de fer et à l'augmentation générale de la population.*

Au début du XXe siècle, le Languedoc est devenu une région à l'économie fragile et, de par sa monoculture, de plus en plus dépendante de l'extérieur. Les insurrections de viticulteurs en 1907, en particulier à Narbonne, sont révélatrices de cette dépendance, comme la fermeture d'usines ou le contrôle des banques locales, des houillères du Gard, qui laisseront un sentiment de colonisation par les *«barons de l'industrie du Nord»*. La société languedocienne de cette première moitié du XXe siècle est faite de notables, le plus souvent grands propriétaires fonciers peu attachés au monde des affaires. L'essentiel de l'activité se situe dans l'administration, la rente et le commerce, bien plus que dans l'industrie.

Dans les années 60, l'arrivée de rapatriés de l'Afrique

---

[70] URL:www.languedoc-roussillon.pref.gouv.fr

du Nord va apporter du sang neuf; l'irrigation de la Compagnie Nationale d'Aménagement du Bas-Rhône-Languedoc va introduire à grande échelle les cultures légumières et fruitières; l'aménagement de stations touristiques des 150 km de côtes du littoral méditerranéen; le Plan du Grand Sud-Ouest; la modernisation du réseau des communications et, plus récemment, le développement de la recherche et des universités de Toulouse et de Montpellier.

Perpignan et le Roussillon

Historiquement, les productions des Pyrénées-Orientales se sont complétées pour créer une économie équilibrée : les produits de la métallurgie étaient issus des mines du Canigou; ceux de l'agriculture, de la plaine. La position de Perpignan sur la voie méditerranéenne et ses liens anciens avec la Catalogne favorisaient le développement du commerce et son rayonnement culturel. Pendant un temps, un équilibre économique et social s'est maintenu entre le Languedoc et le Roussillon, jusqu'à ce que, vers la fin du Second Empire, l'attaque des vignes par le phylloxéra ruinera les viticulteurs languedociens et roussillonnais. Les Languedociens seront les premiers à trouver les remèdes, et à la fin du XIXe siècle le vignoble sera biterrois ou narbonnais.

La première moitié du XXe siècle verra les espaces de montagne du Roussillon se désertifier, la plaine du Roussillon sans débouchés et l'économie de la rente se développer[71]. La jeunesse recherchera un avenir dans la

---

[71] Solans, H. (1993): *"Essai sur l'économie des Pyrénées-Orientales,* Le Publicateur, Perpignan

fonction publique et émigrera dans le nord de la France à la recherche d'emploi. Cependant, l'axe de communication que forme l'artère centrale de la région permettra un certain développement centré sur Perpignan, sur le passage de la frontière et la plaine, où sont produites les primeurs qui ont alimenté les marchés nationaux pendant une longue période.

Aujourd'hui, le Roussillon mise sur le tourisme. Autour de Perpignan, qui rassemble la plus grande partie de la population du département, l'heure est au développement du Marché International Saint Charles qui se place au premier rang des marchés français de fruits et légumes, et joue le rôle de tête de pont des produits espagnols. La solidité des liens tissés avec les producteurs catalans et espagnols explique la résistance de Saint Charles à la crise actuelle : l'Espagne expédie les trois quarts de ses exportations de fruits et légumes vers la France via le marché perpignanais. Les synergies entre le Marché d'intérêt national Saint Charles, l'aéroport de Perpignan-Rivesaltes, le port de Port-Vendres et la ligne TGV constituent un ensemble structuré pour le commerce et les échanges de niveau transnational entre l'Espagne et la France. Des atouts qui sont malgré tout inégalement exploités, si l'on compare avec la zone de La Jonquera de l'autre côté de la frontière.

Barcelone et la Catalogne

Dès la première moitié du XIXe siècle, la région de Barcelone et l'ensemble de la Catalogne connaîtront une révolution industrielle unique dans toute la péninsule ibérique, tout d'abord avec l'industrie du textile, puis avec les industries de transformation manufacturière comparables à celles des modèles industriels de Turin, Milan, et de Lyon. Cette transformation de la structure économique de la Catalogne venait de loin, car son artisanat était déjà très développé avec des fabriques naissantes dès la fin du XVIIIe siècle qui avait commencé à fournir un marché espagnol embryonnaire.

La révolution industrielle catalane de la moitié du XIXe siècle est très différente de celle du Pays basque (basée sur l'industrie lourde et la grande banque, selon le modèle anglo-saxon). En Catalogne, elle sera précédée ou accompagnée par une révolution culturelle originale, *la Renaixença* (la renaissance). Ce mouvement culturel catalaniste influencé par le philosophe Gottfried Herder et le romantisme allemand débouchera d'abord sur un mouvement régionaliste puis nationaliste, comme partout en Europe.

Il connaîtra un grand succès, surtout si on le compare à celui du mouvement culturel provençal, le *Felibrige* dirigé par le prix Nobel de littérature de 1904, Frédéric Mistral, qui connaissait, et admirait la *Renaixença* Catalane. En Provence, ce mouvement culturel o provençal prestigieux ne réussira pas à mobiliser et entraîner une bourgeoisie marseillaise qui avait déjà opté, dès la Révolution française, pour un marché national français, suivi de l'énorme marché colonial dont Marseille se nourrira (mais qui, plus tard, la conduira vers son déclin).

Comme nous l'avons vu plus haut, en comparaison, le Roussillon est un territoire séparé par une frontière, donc isolé, excentré et rural, qui ne connaîtra rien de semblable à ce qui se passe en Catalogne *Principat*, au début du XXe siècle. La seule économie existante dans le Roussillon semble être celle de la rente, fragile et non productive, si l'on excepte les producteurs de primeurs et quelques réussites familiales, comme Byhrr (apéritifs), Job (papier à cigarettes) ou Cantalou (chocolat).

Le colonialisme français du début du XXe siècle et son administration sera, comme nous l'avons vu, un autre débouché pour les habitants des régions périphériques et méditerranéennes de l'Etat (Corse, Languedoc, Provence, Roussillon). Au cours de la seconde moitié du XXe siècle, le Roussillon verra péricliter ces quelques exceptions, ainsi que la production de fruits et légumes. La viticulture roussillonnaise entrera en crise.

Le Midi rouge et Jean Jaurès

Le mouvement ouvrier se différencie peu entre le Languedoc et le Roussillon, si n'est par sa taille. Le Midi rouge, présente cette particularité que le mouvement ouvrier est largement le fait des ouvriers agricoles. Son identité construite autour de la Commune de 1871, surtout à Narbonne, et lentement la Révolution française a pris place dans la galerie des événements fondateurs. Premier des pères, fêtés par tous, socialistes et communistes, et partout, Jean Jaurès est la référence identitaire d'un mouvement ouvrier qui sait, à travers les défilés et les manifestations, canaliser tous les mouvements de résistance.

Capable de reprendre les éléments préexistants de la sociabilité villageoise, le mouvement ouvrier du Midi rouge, en particulier sa partie communiste, a souvent créé et développé une tradition de luttes sociales. Jean Jaurès est toujours une référence constante, la participation aux luttes sociales en défense du territoire et aux fêtes populaires et culturelles, assure toujours son rôle identitaire.

Encore un petit détour méditerranéen avant d'analyser des pratiques politiques du territoire nord-catalan, pris désormais dans une mondialisation (et une Eurorégion dont Perpignan est pourtant devenu le centre géographique) qui dépasse souvent les responsables et les acteurs de droite comme ceux de gauche. Je propose tout d'abord d'élargir le débat à d'autres points de vue, qui se réfèrent à ce grand sud français, trop peu analysé et différencié dans la perspective d'une République française que l'on a souvent tort de considérer comme uniforme et unitaire, selon le modèle et le mythe jacobin. C'est ce que démontre l'historienne bretonne Mona Ouzouf dans son dernier et ouvrage[72]. Voilà pourquoi il est intéressant de se référer plus particulièrement à Marseille. Car Marseille et Barcelone sont deux grands ports méditerranéens, deux grandes villes semblables, et pourtant si différentes, aussi bien dans leur rapport à la culture régionale, qu'au pouvoir central de l'État dont elles dépendent, Paris et Madrid respectivement.

Marseille et la Méditerranée

Pour présenter Marseille, nous avons pensé au sociologue, politologue et arabiste d'Aix-en-Provence, Bruno Étienne[73] parce qu'il décrit sa propre ville de

---

[72] Ozouf, M. (2009): « *Une composition française* », Éditions Gallimard, Paris
[73] Etienne, B. (2002): « *Fondements du politique en Méditerranée* », Actes Sud, *La pensée de midi*

Marseille d'une manière très attachante et suggestive, tout en s'impliquant lui-même dans une brillante étude sur les *Fondements du politique en Méditerranée*. Je le cite.

> *«Nous sommes les héritiers de Moïse et d'Antigone, mais aussi de la tribu sémitique patrilinéaire et de la Rome juridique, de l'agora athénienne, du forum, du souk et du hammam. Nous sommes plutôt des urbains de la polis, politeïa, civis, citoyenneté, civilisation, al-Hadara, de Babylone à Cordoue en passant par Jérusalem, Naples et La Goulette (Goletta, Khalq al-Wad). Nous aimons le clientélisme, la concussion et la ghazzia dont la forme moderne est la prévarication, parce qu'elles permettent de piller l'État lointain pour redistribuer les ressources rares. Nous sommes des nomades à l'intérieur de la Mare Nostrum depuis au moins le paléolithique (...). Nous avons su regarder la Méditerranée dans les quatre sens. C'est pour cela que nous avons pu absorber tous les envahisseurs.*

> *Nous avons été celto-ligures puis gallo-romains puis à notre tour nous avons été colonialistes parce que la porte d'Orient est ouverte dans les deux sens et nous sommes aujourd'hui encore plus métissés de peau et de langue, presque une race nouvelle, des judéo-arabo-kabylo-pataouèto-occitano-méridionaux!*

> *Nous résistons moins bien au tourisme pacifique qu'aux guerres, mais nous comptons bien pervertir les gens du Nord grâce à l'huile d'olive: nous leur faisons aimer la pizza, la paella, le couscous! Il est vrai que, étant presque naturellement républicains, nous avons failli être démocrates: mais la conception de la politique sous sa forme jacobine n'est pas conforme à notre conception du monde et donc du politique (...)*

Marseille, un anti modèle républicain

- La porte de l'Orient: elle fonctionne dans les deux sens! Aller-retour sur une expérience topique de réponse à la forclusion du politique. Le Religieux constitue une expérience née dans un contexte particulier, celui de l'histoire deux fois millénaire de Marseille porte de l'Orient. Cette ville a en effet une longue expérience du "vivre ensemble" entre communautés différentes : cette histoire remonte aux mythes fondateurs de Massalia, la cité phocéenne, vers 600 avant notre ère (...).

- Marseille se pense comme un peuple pluriel dès ses origines et elle vient de le prouver en fêtant cet âge mythique dans le débordement pluraliste le plus chatoyant, mais sans incident. Aujourd'hui elle est certes "catholique", bien que très laïque et parfois rouge-rose, mais elle compte 80000 juifs, 150000 musulmans et 65000 Arméniens, quelques centaines de Russes orthodoxes et plusieurs milliers de Grecs (...). C'est que le Vieux-Port est un lieu de passage de tous les commerçants et de tous les coloniaux. À la fois point de départ et point d'arrivée, à travers la porte ouverte de l'Orient, la ville ressasse sans fin la chronique unique de la blessure des échanges entre la France, l'Algérie, l'Afrique noire, entre l'Andalousie et la Palestine, entre la Phénicie, Carthage et la Berbérie, l'Ifrikya, Babylone, Rome, Athènes et Jérusalem, Smyrne, Salonique et Beyrouth.

- Marseille est la capitale du foot et du raï, mais aussi du théâtre, de la danse et de l'opéra, paradoxe que même des esprits aussi grands qu'Ernest Renan, Jules Ferry et Flora Tristan n'ont pas compris : "Plus je vois cette ville de Marseille et plus elle me déplaît. Cette ville n'est pas française. Il y a ici un ramas de toutes les nations. [...] Un Italien, un Grec, un Turc, un Africain et tous ceux de la côte du Levant [...] ont-ils fait chez *eux de mauvaises affaires [...] ils viennent à Marseille. Ces barbares de différents pays apportent dans leurs habitudes mercantiles des manières de faire plus ou moins juives et Arabes. [...] Il résulte que le commerce ici, est fait de fraude, de ruses, de fourberies par ce ramassis de banqueroutiers juifs et arabes [...] Devrais-je perdre le commerce du Levant que je chasserais cette corruption de la France."*

- On ne peut pas reprocher à Le Pen ce qu'écrivait Flora Tristan dans Le Tour de France paru en 1844, l'un des livres qui vont constituer la mémoire collective de la classe ouvrière en marche vers la révolution! La France n'a jamais supporté la différence: la gauche généralise et universalise à partir de l'abstraction de la citoyenneté. (...). Le modèle jacobin n'a jamais été une véritable référence ici et la politique y est plutôt l'expression, voire l'émanation, de la diversité de ces microsociétés-communautés emboîtées dans une série de réseaux, de clans, d'alliés, avec ses passe-droits et son clientélisme dans le cadre d'une tradition typiquement méditerranéenne. Les règles anthropologiques fondamentales y sont non dites, mais pratiquées par tout le monde: endogamie-exogamie, logique de l'honneur et appartenance-propriété familiale élargie; "Je suis le fils de quelqu'un de quelque part...", voilà la règle absolue.

À Marseille on vit ensemble, mais à côté et l'ordre règne selon des normes locales grâce aux Corses (les Guérini contre les Sabiani, voyous contre fachos), grâce aux pieds-noirs d'abord mal accueillis, mais qui tiennent le haut du pavé, grâce aux instances et radios communautaires: Juifs, Arméniens, Kabyles, Arabes, Grecs, Piémontais, Libanais... Antonin Artaud était le fils d'un émigré grec, Yves Montand celui d'un émigré italien. Et Marseille n'est pourtant pas Beyrouth! Parce qu'il y a les Journées d'Averroès, l'Orchestre des jeunes de la Méditerranée, la Fiesta des Suds, et

Gens du nord et gens du sud

Après cette fresque de Marseille, haute en couleur du sociologue provençal, Bruno Étienne, réaliste et assez attrayante, à laquelle il ne manque que les personnages stéréotypés d'une Provence mythifiée de Marcel Pagnol. À travers les personnages et les paysages de son œuvre, cet auteur provençal et "régionaliste!" nous montre un port vaguement rattaché à des territoires coloniaux phantasmés, et un arrière-pays provençal, arriéré, et souffrant d'une grande sécheresse et d'une certaine pauvreté. Un réalisme qui ne semble pas trop éloigné de la réalité.

Constatons aussi que Perpignan n'est pas Marseille ni que le Roussillon est la Provence. Néanmoins, il existe des points communs entre ces deux villes et ces deux régions. Nous avons en commun cette Méditerranée historique, qui nous a légué ce fond ethnique et culturel bigarré, et au-delà, une manière générale de nous comporter grâce à des valeurs positives ou négatives, selon la position morale de l'observateur, et des pratiques comportementales partagées qui, par contre, sont assez différentes de celles des habitants du nord de la France. Pratiques et comportements qui surprennent les observateurs extérieurs et les «néo-Méridionaux».

«Sem a casa» (nous sommes chez nous) ou le repli identitaire

La formulation des représentations et des opinions que les Roussillonnais se font des habitants du nord de la France, un nord imprécis qui peut parfois commencer à

Narbonne, est assez catégorique et expéditif, avec *«és un gavatx»* (mot d'origine complexe, peut avoir signifié affamé) ou, à la rigueur, *«és un foraster»* (c'est un étranger) la question est entendue. Observons que l'on peut toujours être le *«gavatx»* géographique de quelqu'un, puisqu'il y a toujours quelqu'un qui habite ou qui vient de plus au nord.

Quant au *«sem a casa»* (nous sommes ici chez nous, qui pourrait très bien être repris par le Front national), il exclut d'office tous ceux qui ne sont pas de *«casa»* (d'ici). Et vous avez beau vivre, travailler, habiter dans la ville ou le village depuis 30 ou 40 ans, vous ne serez jamais tout à fait de *"casa"*.

Certains de mes amis Bourguignons ou Bretons mariés à des Catalanes ou des Catalans en savent quelque chose et ont du mal à le comprendre. D'autres, fils de réfugiés républicains catalans ou espagnols de 1939, ou encore rapatriés pieds-noirs de 1962, ont eu plus de chance et ont été plus facilement acceptés et intégrés. En tous cas, *le repli identitaire nord-catalan* est d'autant plus paradoxal qu'historiquement le Roussillon a été une terre de passage et de brassage, mais il est vrai que ce brassage s'est arrêté pendant trop de temps et, en conséquence, l'endogamie s'est renforcée.

Un isolement démographique relatif qui aurait duré pendant trop de siècles et qui, en conséquence, aurait pu provoquer un repli sur soi, un manque de mobilité conditionnant un repli identitaire? Nous pourrions le penser, car si l'on y ajoute à cela la faiblesse structurelle de l'économie de la région (un des plus pauvres départements de France), alors on pourrait en déduire que nous sommes en présence d'un contexte qui expliquerait le repli.

De plus, il y a une répartition démographique presque équilibrée entre natifs du Roussillon et non-natifs. Les statistiques démographiques de l'INSEE indiquaient en 1999 que parmi les 400 000 habitants des PO, 58% étaient originaires du Roussillon et que 42% provenaient d'autres régions ou pays. Actuellement, avec 420 000 habitants, nous nous approchons de l'équilibre démographique, ce qui n'a pas résorbé pour autant la question du repli identitaire, bien au contraire, pour certains autochtones, il l'a même exacerbé. Les résultats élevés obtenus par le Front national pendant de longues années aux différentes élections en témoignent clairement. Le fort sentiment de rejet existe toujours, il se manifeste souvent de manière souterraine, mais dans certaines situations concrètes, il est ouvertement proclamé.

Clan de droite et clan de gauche

La notion de clan a été souvent utilisée par ethnologues et anthropologues pour se référer à des communautés, soit dites «primitives» (Afrique, Océanie, Amazonie, etc.), soit «médiévales», marquées par un archaïsme (Tziganes, Japon, Irlande, liban, etc.). Elle renvoie à des groupes fortement structurés possédant des codes fonctionnels et symboliques, souvent dirigés par un chef de clan.

Le clan se développe ou se perpétue dans des sociétés peu développées qui, comme le précise le sociologue Bruno Étienne, il pratique les passe-droits et le clientélisme, parfois à grande échelle, créant ainsi de solides réseaux d'amitiés, mais aussi en contrepartie de grandes dépendances, là où les ressources sont faibles, et l'État n'arrive pas à satisfaire les besoins élémentaires. Dans le cas du Roussillon, l'usage de la notion de clan pourra paraître insolite et/ou inadéquate pour certains, cependant, si je la reprends ouvertement à mon compte, c'est parce qu'elle est généralement reprise dans les Pyrénées-Orientales (PO) par de nombreux observateurs de la vie locale, et aussi par certains responsables politiques nord-catalanes eux-mêmes, qui en ont parfois souffert les conséquences, et savent bien de quoi ils parlent. Est-ce suffisant pour l'utiliser?

Il faut en connaître et en expérimenter les contours et les potentialités, afin d'essayer de mieux cerner et de comprendre les mécanismes impliqués. Car je ne suis pas le seul à penser que les clans existent dans la société nord-catalane, comme dans le Languedoc voisin, et bien sûr ailleurs. Il existe donc dans les Pyrénées-Orientales un « clan de Droite interne à l'UMP » tout comme un « clan de Gauche interne au PS ». Je ne suis pas sûr que le centre politique en ait un, car encore faut-il en avoir la capacité et la possibilité.

Pour ce qui est du «clan de Droite», on peut l'apparenter au clan de la famille Alduy, père, mère et fils qui durant près de 50 ans, gouvernent la ville de Perpignan, l'agglomération de Perpignan Méditerranée. La famille Alduy a réussi à tisser un réseau d'influence qui regroupe toutes les structures économiques, sociales et culturelles qui dépendent de la capitale. Une conséquence logique, un clan peut en inclure des sous-clans, comme c'est le cas à Perpignan entre le clan des gitans de Saint-Jacques ou du Vernet et le clan Alduy. Ce qui au total représente un pouvoir politique très significatif. De plus, si l'on y rajoute l'élection et la participation de quatre députés UMP (le parti de droite étant par définition moins stable que le clan), et de leurs réseaux respectifs sur les quatre circonscriptions du département, on comprendra l'influence de l'UMP, marquée par le clan Alduy.

De son côté, le «clan de Gauche», et plus précisément l'actuel fonctionnement clanique de la fédération PS des PO, nous observons que, dans ce cas, le parti est de très loin antérieur à la constitution et renforcement du clan actuel (contrairement à la formation du clan de droite). Il a pu commencer à exister à partir de 1895, date de la première fédération socialiste des PO (la SFIO date en effet de 1905). Il a existé des périodes plus ou moins tentées par ce phénomène, néanmoins c'est sur la période actuelle que nous voulons nous pencher, car elle a abouti à une situation assez insolite avec l'arrivée à la direction régionale du PS de Georges Frêche à Montpellier, et de Christian Bourquin à Perpignan.

En effet, il faudrait pouvoir déceler ce qui se cache derrière la façade visible, municipale et légale du PS dans les Pyrénées-Orientales. Car, d'une part, il y a, bien sûr, la vie régulière et plus ou moins démocratique des sections locales du PS et, d'autre part, il y a l'appareil du parti entre les mains d'un nombre réduit de personnes ou bureau fédéral (élu dans des circonstances particulières où l'unanimisme est la règle) qui le contrôlent d'une manière totalement occulte et bien peu démocratique. Ainsi, l'appareil du parti, caractérisé par un «fonctionnement clanique» (c'est-à-dire, avec des méthodes plus proches du centralisme démocratique stalinien que de l'expression démocratique des militants minoritaires) surveille de très près la constitution des secrétariats des sections locales du PS. Ceci afin de s'assurer de leur fidélité et du renforcement des courants, qui peuvent changer au gré des relations des membres de la direction avec tel ou tel autre chef de courant national PS.

Il faudrait analyser les « pratiques de favoritisme clanique » et les effets nocifs dénoncés par les médias, de temps en temps. Une analyse qui s'avère évidemment très délicate, car nous sommes là au cœur d'un système occulte qui dirige une partie significative du territoire départemental grâce à l'accession du PS à la présidence du Conseil Général des Pyrénées-Orientales (CG des PO). Ce pouvoir acquis démocratiquement par les élections a donné le contrôle du Conseil Général au PS, et au-delà aux nombreux organismes économiques, sociaux et culturels qui en dépendent.

Si bien que l'on peut penser que le CG des PO n'est pas loin d'être un des premiers employeurs des PO. Un total qui est difficile à évaluer, mais, qui comprend le personnel des municipalités PS comme celui des Communautés de Communes de Gauche (elles sont nombreuses), les agents de la fonction administrative territoriale du Conseil Général et autant des organismes qui en dépendent. À partir de là, il est aisé de comprendre le phénomène et la pratique très étendue du clientélisme dans les PO, qui grâce aux postes de travail attribués assure une fidélité remarquable et constante lors des élections municipales, cantonales et régionales.

Frèche et Bourquin, chefs de clan?

Nous avons évoqué le rôle prééminent joué par le chef dans le fonctionnement des clans, qui représente la clé de voûte d'un ensemble généralement bien rodé et bien contrôlé. Le chef représente le clan, il en est l'effigie et l'image, et de son côté, les membres du clan font des efforts pour lui ressembler et le servir, du moins ils s'en inspirent dans les échelons subalternes ou intermédiaires d'une organisation de type pyramidal et vertical. On observe parfois une certaine violence verbale et politique exercée contre ceux qui tentent de s'opposer aux décisions du chef de clan.

Georges Frêche à Montpellier et Christian Bourquin à Perpignan, correspondent-ils à ce type de responsable politique ou de chef de clan ? Nous le croyons. Ils sont tous deux des archétypes et des dirigeants politiques auxquels peuvent s'apparenter de nombreux militants. Les «galejades», la faconde et la «tchatche» tout comme le populisme, mais aussi la violence, font partie du fond commun d'un certain midi, et d'un humour méridional qui plaisent tant, surtout quand ils sont faits sur le dos des «Parisiens», en quelque sorte, l'équivalent de Monsieur Brun dans l'œuvre provençale de Marcel Pagnol, même si celui-ci, était lyonnais.

IX- Le culte de Mithra
et la corrida à Céret

Si les traditions du culte mésopotamien de Mithra, ou celles des Minoens de Crète sont très anciennes sur le pourtour de toute la Méditerranée, et ont pris des formes très diverses selon les territoires, par contre, il n'en est pas de même de la mise à mort ibérique qui, elle, est beaucoup plus récente historiquement.

C'est d'abord le fait de la noblesse castillane au XVIIe siècle qui commença par combattre le taureau à cheval avec une pique. Puis, au début du XVIII siècle, à Ronda, petite bourgade de l'Andalousie centrale, le peuple prend le relais avec le célèbre toréador Francisco Romero qui estoqua à pied un taureau à l'aide de son épée et sera considéré comme «l'inventeur» le plus populaire de la corrida moderne.

Ce tragique et morbide spectacle de sang et de mort correspondait à l'idiosyncrasie de la petite noblesse castillane déjà décadente (*los hidalgos, hijos de algo*, fils de quelque chose d'important), fondée sur ce que le philosophe de la *Génération littéraire espagnole de 1898*, Miguel de Unamuno (1864-1936), nommera *«El sentimiento trágico de la vida»*, dans son œuvre de 1913. Ce n'est pas en vain que les Castillans ont forgé leur culture et leur identité profonde durant les sept longs siècles de luttes et de guerres de croisade et de reconquête, qu'ils menèrent contre les musulmans, du nord au sud de la péninsule, et qu'ils poursuivirent ensuite dans la conquête des

Amériques, assoiffés d'évangélisation et d'or.

Par contre, l'identité catalane est méditerranéenne et fondamentalement différente de celle de la Castille, même si les Catalans ont participé, eux aussi, à la reconquête péninsulaire contre les musulmans jusqu'à Elche, sur la façade méditerranéenne jusqu'au sud de Valence, pendant près de cinq siècles. Par ailleurs, la Catalogne (comme la Provence et la Gascogne) a également connu les cultes de Mithra et des Minoens, cependant, elle a façonné une tradition culturelle propre, d'où la mort est exclue, tout en pratiquant la confrontation et des jeux rituels avec des vachettes et des taurillons.

La mort, c'est précisément ce que le grand poète catalan Joan Maragall (1860-1911) reproche à l'Espagne dans sa fameuse *«Oda a Espanya»* de 1898. Car en Catalogne, ce sentiment tragique et morbide castillan n'existe pas, et n'a jamais existé. Bien au contraire, le soleil de la Méditerranée a tendance à illuminer la vie et la création des Catalans.

La corrida avec mise à mort du taureau a été importée en Catalogne assez tardivement, au début du XIXe siècle. Par la suitre, sous le franquisme, la corrida s'est renforcée, elle a été utilisée comme un symbole du régime, et comme une idéologie. (Mais en 2016, le Parlement de la *Généralité de Catalogne* l'a finalement interdite sur son territoire, parce que contraire à ses valeurs humanistes et démocratiques). Ce que d'ailleurs certains Nord catalans, surtout de Céret, n'ont pas du tout compris. Une différence d'attitudes et de valeurs entre Catalans de part et d'autre de la frontière.

La tradition castillane de la corrida est également arrivée en France au milieu du XIXe siècle. En effet, début août 1853 eut lieu à Bayonne, devant Napoléon III et son épouse Eugenia de Montijo, la première corrida.

Alors, jouer les hymnes catalans *Els Segadors* (les moissonneurs) et la *Santa Espina* (La sainte épine) dans des arènes de Céret avant la corrida du premier et celle du dernier taureau est tout à fait contraire à la longue tradition de la culture catalane. Prétendre que la tauromachie castillane correspond au patrimoine historique de la France ou de la Catalogne est une absurdité qui reflète uniquement l'ignorance ou la mauvaise foi de leurs partisans et promoteurs.

Ignorance que le célèbre auteur de *Les Bestiaires* (1926), Henry de Montherlant lui-même, n'aurait pas manqué de railler, lui qui connaissait si bien cette tradition en Andalousie et les origines historiques de la tauromachie. Car il eut l'occasion d'aller en Andalousie à l'âge de quinze ans, et de se familiariser à la corrida en la pratiquant, chez des amis nobles de sa famille.

Comme c'est souvent le cas, les traditions et les croyances plus ou moins ancestrales sont tenaces et parfois ancrées dans un certain inconscient collectif. L'art a joué un rôle certain dans le maintien de cet inconscient, mais il ne peut, en aucun cas, servir de justification ou d'excuse. D'ailleurs, le grand peintre Pablo Picasso lui-même n'avait-il pas demandé au matador *Luis Miguel Dominguín* d'organiser une corrida sans mise à mort à Vallauris?

Osons penser que l'intelligence et l'humanité finiront par s'imposer face aux croyances ancestrales et à certaines traditions archaïques souvent barbares. Il est possible que le temps des corridas soit compté, parce que le respect de la vie est plus fort. Parce que la vie est toujours plus forte que la mort. C'est du moins ce que nous espérons.

X- La guerre civile à Barcelone de 1936 à 1939

Perpignan, avril 2011

Au XIXe siècle la première République espagnole avait duré moins d'un an, entre février 1873 et janvier 1874. La fin du XIXe siècle est marquée par des différences notables entre le processus de construction l'Etat espagnol et celui de l'État français. Ils renvoient à deux types de colonialisme tout à fait différents, le premier décadent et le second conquérant. L'Espagne connaît, en effet, un drame au XIXe siècle avec la perte de ses dernières colonies en 1898, les Philippines et Cuba. C'est un État exsangue qui ne peut réussir à se doter d'une école publique et d'une administration aussi puissante, efficace et centralisée que celle de la France.

En Catalogne, pendant la période d'industrialisation de la fin du XIXe et le début du XXe siècle le mouvement ouvrier catalan se développe et reçoit une influence des bakouninistes de la Première Internationale. La création de la CNT-FAI (anarchiste) en 1910 à Barcelone met en évidence la faiblesse des marxistes au sein de la Première Internationale, contrairement à ce qui se passe en France à la même époque.

En parallèle, le mouvement républicain catalan se développe surtout à Barcelone avec la création de plusieurs partis qui vont confluer en 1931 dans le parti *Esquerra Republicana de Catalunya* (ERC). Sur le plan culturel, en 1926, l'exemple de la représentation de l'opérette catalane *«Cançó d'amor i de Guerra»* est un antécédent qui remporte un grand succès, et témoigne de l'esprit républicain des Catalans, avec l'influence des idées de la Révolution française, et de la Marseillaise.

La dictature du général Primo de Ribera va durer de 1923 à 1930. Le roi Alphonse XIII et la monarchie espagnole s'affaiblissent à cause de l'opposition grandissante des intellectuels (la *Génération littéraire de 1927,* composée par Ortega y Gasset, Rafael Alberti, Miguel Hernández, Garcia Lorca, Antonio Machado, etc.). Les partis républicains *Izquierda Republicana et Esquerra Republicana de Catalunya* sont très actifs. Il y a plusieurs *pronunciamientos* (soulèvements militaires), et un essai de coup de force militaire de Francesc Macià en 1928 a Prats de Mollo (dans le haut Vallespir, en France). Le 17 août 1930, le *Pacte de San Sebastian* réussit à unir presque toutes les forces républicaines et celles de la gauche. Elles établissent une stratégie pour mettre fin à la monarchie d'Alphonse XIII et proclamer la République.

Les élections municipales de 1931 donnent la victoire aux listes républicaines et de gauche. Le roi Alphonse XIII abdique et s'exile à Paris. Le 14 avril 1931, la *République catalane* est proclamée par Francesc Macià du balcon du Palais *de la Generalitat,* rectifiée en *République espagnole* peu de jours plus tard à la demande expresse de Alcalà Zamora, futur président de la II République espagnole, après d'âpres négociations.

De 1931 à 1933, *La Generalitat de Catalunya* est rétablie et de grandes réformes sont lancées dans de nombreux domaines comme l'enseignement, la santé, la culture et la réforme agraire. C'est ce que l'on appellera le *«Bienni republicà i progressista»* (les deux années républicaines et progressistes). Les gouvernements républicains à Madrid *(Cortès)* et à Barcelone *(Generalitat)* devront malgré tout faire face à un mouvement de grèves ouvrières dirigées par les anarchistes de la CNT, et à la mobilisation de la droite antirépublicaine de la *Confederación Española de las Derechas Autónomas* (CEDA).

Élections de 1933, la réaction de la droite.

En octobre 1933, dans un contexte de crise politique les *Cortès constituantes* sont dissoutes et des élections législatives sont convoquées fin novembre 1933. La CNT lance la campagne *«Obreros, no votar»* (ouvriers, ne votez pas) qui facilitera la victoire de la droite. Celle-ci gouvernera la République pendant près de deux ans. Les événements d'octobre 1934 à Barcelone, après les émeutes de l'extrême droite française le 6 février 1934 place de la Concorde à Paris et *La nuit des longs couteaux* du 29 au 30 juin 1934 en Allemagne, accentuent la crise. À Barcelone, vont se dérouler les faits du 6 octobre de la place de *Sant Jaume* de Barcelone. Le gouvernement de la *Generalitat* est dissous par les militaires et le président Lluís Companys est détenu avec son gouvernement et de nombreux syndicalistes. De 1934 à 1936, c'est le *«Bienni Negre»* (les deux années noires) qui commence avec la répression contre les mineurs des Asturies par un nommé Franco qui avec ses canons fera 1000 morts et 5000 prisonniers. Pendant ces deux années, les grèves des paysans pour la réforme agraire s'intensifient. Une campagne pour la libération des prisonniers politiques sera menée par la *Pasionaria* (Dolorès Ibarruri) devant la prison *Modelo* de Madrid.

Après la dissolution des *Cortès* en janvier 1936, de nouvelles élections sont convoquées et le 16 février 1936, la victoire *du Frente* Popular (le Front populaire el France date de mai 1936) est proclamée grâce aux candidats socialistes du PSOE, de la Gauche républicaine, des Partis catalanistes et du Parti communiste (PCE). La gauche libère les prisonniers politiques. En juillet, la *Generalitat de Catalunya* organise les Olympiades populaires à Barcelone, en contrepoint des Jeux olympiques de Berlin. Par ailleurs, en mai 1936 se déroule le congrès de la CNT à Saragosse qui adopte le communisme libertaire. C'est la première force syndicale avec un million d'adhérents. En mai-juin 1936, il y a de nombreuses grèves. La tension s'accroît entre le gouvernement républicain et les syndicalistes CNT, d'une part, et la mobilisation de la droite et de l'armée, d'autre part.

Soulèvement militaire au Maroc et les grandes villes

Le 17 juillet 1936, les militaires factieux se soulèvent au Maroc contre la République. Les forces syndicalistes CNT (anarchiste) et UGT (socialiste) font un appel à la mobilisation contre le soulèvement militaire. Le président de la République espagnole, José Giral (Fondateur avec Manuel Azaña, de *Izquierda Republicana)* demande l'aide de Léon Blum pour armer et sauver la République espagnole. Mais le Gouvernement du *Front populaire* français de Léon Blum est sous la pression politique du gouvernement anglais qui y est opposé, Léon Blum hésite.

Le 18 juillet se produit le soulèvement militaire fasciste et factieux contre la légalité républicaine dans toutes les casernes des grandes villes d'Espagne. Le général Franco, surveillé par les militants libertaires du Maroc espagnol, échappe de peu à un attentat, puis il s'enfuit vers Gibraltar. Le 19 juillet on assiste à la contre-offensive ouvrière dans toutes les grandes villes d'Espagne. Les forces syndicalistes de Barcelone maîtrisent les militaires en 2 à 3 jours de combat. Les officiers factieux de Barcelone se replient dans les églises et autres lieux. où ils seront assiégés par les militants antifascistes et le mouvement populaire de Barcelone.

Olympiade de juillet 1936 et Malraux à Barcelone

Le 21 juillet 1936, le Comité central des Milices de Barcelone est présidé par Garcia Oliver de la CNT. Il regroupe les organisations ouvrières, révolutionnaires et républicaines. Il dirige en fait toute la Catalogne. C'est le moment du départ des premières colonnes de miliciens de la CNT et de l'UGT vers les villes et les provinces occupées ou contrôlées par les forces militaires fascistes, de l'Andalousie à l'Extremadoure dans le sud de la péninsule.

Malgré tout, du 22 au 26 juillet les Olympiades populaires se déroulent à Barcelone dans une ambiance de crise, de lutte et d'enthousiasme mêlés. Le 26 juillet, l'écrivain français André Malraux arrive à Barcelone. L'Espagne a besoin d'avions pour stopper l'avancée des troupes marocaines du général Franco. André Malraux participera à la création de l'escadrille *«Avia-acción»* avec Paul Nothomb, communiste belge, et avec quelques avions français Potez 630, construits à Sartrouville. Après quelques raids victorieux à Malaga et à Motril (côte orientale de l'Andalousie), les avions sont perdus. Privé de ses avions André Malraux utilisera sa plume et écrira *L'Espoir* en 1938, puis il réalisera le film *«Sierra de Teruel»* interdit en 1939 par Daladier à la demande du Maréchal Pétain, ambassadeur de France auprès de Franco.

La Non-intervention (Britanniques et Léon Blum)

En France, Léon Blum qui est de tout cœur avec les républicains espagnols reçoit une demande d'assistance dès le 20 juillet 1936. Il répond positivement, mais doit aussitôt faire marche arrière devant l'opposition conjointe de la droite française, des radicaux et surtout du gouvernement du Royaume-Uni. Du côté britannique, certains membres du gouvernement conservateur de Neville Chamberlain voient l'Espagne comme un pays en pleine révolution «communiste». Tout est fait pour éviter un conflit avec les grandes puissances (Allemagne et URSS). Dans ce contexte Léon Blum propose le *Pacte de Non-Intervention,* signé par la quasi-totalité des pays européens. Chaque pays est empêché de livrer des armes à l'Espagne. Cependant, fin juillet 1936, la France du Front populaire français va envoyer secrètement des armes aux républicains espagnols. De son côté l'Allemagne ne respectera pas le Traité de Non-Intervention et enverra des chars et des avions à Franco.

Des républicains espagnols diront avec raison: *«Pendant qu'Hitler et Mussolini envoient des troupes et des chars à Franco, on nous propose des ambulances!»*

Barcelone et l'industrie de Guerre et les collectivisations

En juillet et août 1936, les congrès régionaux (CNT et UGT), de paysans catalans et de l'industrie appliquent la collectivisation des terres, des usines et des services publics (santé, transports, éducation, culture, électricité...). Le communisme libertaire est proclamé dans de nombreuses villes et *comarques* (équivalant catalan des cantons). Dans certaines villes l'argent est aboli, par exemple à Fraga, entre l'Aragon et la Catalogne. Les expériences de collectivisations industrielles et agraires, surtout des industries de guerre, sont nombreuses et intenses à Barcelone et dans toutes les villes industrielles de Catalogne. Les syndicalistes de la CNT et de l'UGT y jouent un grand rôle. Pendant l'été 1936, les syndicalistes et des anarchistes entrent en force dans toutes les instances gouvernementales républicaines en Catalogne et à Madrid.

La Rénovation pédagogique en Catalogne

De même, sur le plan de la culture et celui de l'enseignement, la création à Barcelone de la *Nouvelle École Unifiée de Catalogne* (CENU) s'inspire de la pédagogie nouvelle et libertaire de Francisco Ferrer i Guàrdia (1859-1909), et du mouvement de Rénovation pédagogique. Celle-ci est promue par les grands pédagogues du monde entier entre les années 1910 et 1930; de Ferdinand Buisson, Edouard Claparède, John Dewey à Ovide Decroly, Maria Montessori et Célestin Freinet...

En Catalogne, Alexandre Galí, Rosa Sensat et Pompeu Fabra sont les relais du mouvement de Rénovation pédagogique, et dès 1931, ils invitent leurs collègues à Barcelone. Dès 1936, de nouvelles écoles et des instituts d'enseignement secondaire *(l'institut Escola)* sont construits à Barcelone et dans toute la Catalogne.

Brigades internationales et intervention allemande.

Pendant les mois de juillet-août 1936, des milliers de volontaires étrangers arrivent à Barcelone. Ils sont Français, Polonais, Italiens, Allemands, Anglais, Canadiens, Autrichiens et Soviétiques... Ils vont constituer les fameuses *Brigades internationales*. Dans un premier moment, ils intègrent les milices ouvrières pour combattre le fascisme sur tous les fronts. Le recrutement des *Brigades internationales* commence par la formation de 23 bataillons, composés chacune de 6 brigades. Des quotas de communistes sont fixés par le Komintern et envoyés par les différents partis communistes. Le nombre de volontaires des communistes britanniques et américains reste plus faible, à cause de la réticence de leur pays respectif qui a signé le *Traité de Non-Intervention*. Environ 2 000 Soviétiques occupent des positions à l'état-major comme instructeurs.

En juin 1937, les Brigades internationales regroupent près de 60 000 personnes, dont 25000 Français, 5 000 Polonais, 5000 Anglo-Américains, 3000 Belges, 2000 Allemands antifascistes et autant d'Italiens. Parmi eux, il y avait l'écrivain anglais George Orwell, auteur d'*Homage to Catalonia*, Benjamin Perret (du groupe surréaliste), la philosophe Simone Weil, et tant d'autres.

En automne 1936, c'est le début de la «bataille de Madrid». Soutenues par Staline et dirigées par le communiste nord-catalan André Marti les premières Brigades internationales arrivent sur le front de Madrid. Le gouvernement républicain évacue Madrid pour s'installer à Valence. Et le gouvernement de la République espagnole reçoit des armes de l'Union soviétique. Des conseils de défense d'Aragon et des Asturies, ainsi que de la Junte de défense de Madrid, sont créés. Le 19 novembre 1936, le grand dirigeant anarchiste Buenaventura Durruti meurt sur le front à Madrid.

Pendant l'hiver 1936-1937, malgré la victoire des forces républicaines à Madrid, il y a les premiers revers des milices dont l'avance est stoppée en Extremadoure par manque d'armement lourd (aviation, chars, canons...). L'Allemagne de Hitler envoie la division «Condor» composée de 5 000 hommes, de bombardiers Heinkel et de chasseurs Messerschmitt, pour aider l'offensive militaire du général Franco. Sur le front, les communistes, forts de l'aide militaire de l'URSS, entrent en conflit politique et militaire contre les milices anarchistes et trotskistes. Le POUM est exclu du gouvernement de la *Generalitat* de Catalogne. Un congrès du PCE accuse ouvertement le POUM de trahison.

Bombardement de Barcelone et de Guernika en 1937

En février 1937 se tient le plénum des forces anarchistes et libertaires, il s'agit pour eux de décider la militarisation des milices voulue par le gouvernement républicain et approuvée par le Comité national de la CNT. Mais de nombreux militants libertaires refusent la conscription républicaine et la militarisation obligatoire. Le 13 février 1937 a lieu le premier bombardement de Barcelone. En mars 1937, c'est une victoire des républicains antifascistes à Madrid. Les régiments militaires fascistes italiens sont mis en déroute à Guadalajara, à 50 km au nord-est de Madrid.

Les bombardements de Barcelone et de Figuères se poursuivent pendant tout le mois de mars 1937 avec l'objectif de démoraliser la population civile. Un comité de défense passive de la population barcelonaise est créé avec la construction de refuges dans le métro. Pendant le printemps 1937, les troupes franquistes lancent une offensive dans le nord-ouest de la péninsule, vers les Asturies et le Pays basque.

La ville symbole basque de Guernika est bombardée par la Légion Condor allemande le 26 avril 1937, un jour de marché, sur ordre du général Franco, et à la demande du primat d'Espagne, le cardinal Segura, qui dans une homélie avait prononcé la triste phrase : « *Benditos sean los cañones si en las brechas que abren debe florecer la flor del evangelio* » (que soient bénis les canons si dans les brèches qu'ils ouvrent doit fleurir la fleur de l'évangile). L'objectif étant de punir le clergé et le *Parti nationaliste basque* du président Aguirre qui s'étaient rangés du côté républicain. Pablo Picasso dénoncera ce massacre avec son fameux tableau *Guernika* qui sera présenté à l'Exposition universelle de Paris de mai à novembre 1937.

Affrontements entre IIIe et IVe internationales en 1937

Le premier mai 1937, les défilés syndicaux du 1er mai sont annulés à Barcelone. La tension est à son comble à l'intérieur du camp républicain entre anarchistes et communistes. Les deux thèses qui s'affrontent sont, d'un côté, faire la guerre et la révolution en même temps et, de l'autre, tout d'abord gagner la guerre, en ensuite seulement la révolution. La IIIe Internationale et le Komintern dirigés par le communiste bulgare Georges Dimitrof souhaitent contrôler la situation de Barcelone.

Du 3 au 15 mai 1937, les forces du Gouvernement de la *Generalitat*, composées par ERC (républicains) et le PSUC (communistes) tentent de prendre le contrôle des bâtiments publics à Barcelone. Ces derniers sont occupés depuis juillet 1936 par les anarchistes, notamment *La Telefónica*, située place de Catalogne, qui contrôle tous les appels téléphoniques entre les gouvernements installés à Barcelone et à Madrid. Les forces de la *Generalitat* sont reçues par des coups de feu, et les ramblas de Barcelone se transforment aussitôt en frontière entre la IIIe et la IVe internationale.

Les *Tropas de asalto* (Troupes d'assaut) en provenance de Valence tentent de reprendre le contrôle de la situation (des barricades s'érigent dans toutes les rues du *barrio chino*). Des militants du POUM et de la CNT disparaissent ou sont assassinés, parmi eux, le célèbre dirigeant Andreu Nin. Ce sont des moments dramatiques pour l'unité des forces républicaines, face à la menace fasciste.

En mai-septembre 1937, les troupes du général communiste Enrique Lister arrivent sur le front d'Aragon. La bataille de Belchite fait rage pendant des mois où la ville sera prise et perdue plusieurs fois. C'est la chute du gouvernement socialiste et anarchiste de Largo Caballero avec le départ des ministres Garcia Oliver et Federica Montseny. En juin 1937, a lieu le congrès des anarchistes. Les positions de la CNT sont approuvées après d'âpres débats entre la révolution et la guerre...

Munich et retrait des Brigades internationales en 1938

Pendant l'hiver 1937-1938, la défense de Madrid se poursuit avec le fameux slogan de la *Pasionaria «No pasaran»* et la solidarité de résistants républicains provenant de Barcelone. Barcelone solidaire de Madrid, quel bel exemple! De leur côté, les franquistes évoquent *La quinta columna,* celle qui serait à l'intérieur de Madrid alors que quatre autres attaquent de l'extérieur. La bataille autour de Teruel, au sud de l'Aragon, s'intensifie. Prise par les républicains, cette ville sera reprise par les troupes fascistes en février 1938. Le gouvernement de la République du socialiste Juan Negrin accepte le retrait d'Espagne des Brigades internationales, en août 1938 sous la pression de l'Angleterre. Le jour de leur départ, le 21 septembre 1938, un grand hommage des Barcelonais leur est rendu sur l'avenue Diagonale. En septembre 1938, les Accords de Munich signés entre la France par Daladier, l'Angleterre par Chamberlain, l'Allemagne nazie par Von Ribbentrop) et l'Italie fasciste par le Comte Cianio, mettent fin aux espoirs de l'Espagne républicaine et antifasciste. À Madrid, pendant la dernière année de la guerre, de février 1938 à mars 1939, l'armée républicaine continue de résister aux attaques des armées de Franco, les combats font rage dans la Cité universitaire. Cette résistance est surtout le résultat de l'aide et de la solidarité apportées, entre autres, par les républicains catalans et valenciens.

Bataille de l'Ebre et chute de Barcelone

Pendant l'été et l'automne 1938 a lieu la dernière et grande bataille républicaine de l'Èbre au sud de la Catalogne. À la mi-novembre, l'armée républicaine se retire, c'est la défaite. De janvier à février 1939, l'offensive des troupes franquistes contre Barcelone se poursuit ; elle est occupée en février 1939, dans la sidération, et Madrid en mars 1939.

Le repli des troupes républicaines compte 500.000 personnes qui vont passer par tous les cols des Pyrénées orientales, et surtout par le Perthus (moi-même à l'âge de 5 ans). Les combattants républicains seront désarmés, puis internés dans des camps de concentration d'Argelès, de Ribesaltes, d'Agde et autres, par la Gendarmerie française. La population nord-catalane du Roussillon aidera les républicains espagnols, pendant *la Retirada*. Le premier avril 1939, c'est la fin des combats. La répression franquiste va alors s'intensifier, des centaines de milliers de républicains seront fusillés, autant seront emprisonnés... La signature du pacte germano-soviétique aura lieu le 23 août 1939 entre Von Ribbentrop pour l'Allemagne et Viacheslav Molotov pour les Soviétiques. Ce pacte va provoquer une nouvelle crise politique et des désaccords au sein des forces républicaines espagnoles à l'exil, mais aussi parmi celles d'autres pays. Les armées de Hitler envahissent la Pologne les 28 et 30 septembre 1939 et déclencheront la Deuxième Guerre mondiale, dans laquelle la guerre d'Espagne n'aura été que le terrible prélude avec plus d'un million de morts surtout civils.

Conclusion

Près de 70 ans après cette terrible guerre civile, et 33 ans après la mort du dictateur Franco, on pouvait se demander s'il était enfin possible de pouvoir faire un débat serein sur ce drame. Le gouvernement de gauche de 2004-

2008 de Rodriguez Zapatero a posé la question. Dans le débat sur la *Mémoire historique* et la guerre civile espagnole, qui étaient prévus dans le programme du socialiste de Rodriguez Zapatero, comme dans celui du parlement de Catalogne, la position de la droite était *«Perdonar i olvidar»* (pardonner et oublier) et celle de la gauche: *«Ni perdonar, ni olvidar»* (ni pardonner ni oublier).

Dans ce contexte de nombreux citoyens espagnols descendants de républicains en ont profité pour lancer des procédures judiciaires exigeant la localisation et exhumation de fosses communes, on compte entre 600 et 800 charniers de républicains. Le Musée de l'Exil de La Jonquera, situé près de la frontière, est un symbole de cette triste et douloureuse mémoire. Le 70e anniversaire de La *Retirada* ou de l'exil en Catalogne du Nord (Roussillon) est relayée par de nombreuses associations culturelles nord-catalanes. Le mémorial d'Argelès, comme celui de Rivesaltes et de la Maternité d'Elne, sont autant de lieux de la mémoire républicaine espagnole dans le département des Pyrénées-Orientales.

SIGLES :

AIT: Asociation Internationale du Travail, AIT (créée à Londres en 1871 par Karl Marx)

CEDA: Confédération Espagnole des Droites autonomes (fondée à Madrid en 1933)

CNT: Confédération nationale du Travail, CNT (fondée à Barcelone en 1910)

ERC: *Esquerra Republicana de Catalunya* (Gauche républicaine de Catalogne, créée en 1931)

FAI: Fédération anarchiste Ibérique, FAI (créée à Valence en 1927)

FIJL: Fédération Ibérique des Jeunesses libertaires, FIJL (créée à Madrid en août 1932)

JSU: Jeunesse Socialiste Unifiée, JSU (fondée en mars 1936, secrétaire: Santiago Carrillo)

PCE: Parti Communiste Espagnol, PCE (création en mars 1922, secrétaire en 1936, José Diaz)

PSUC: Parti Socialiste Unifié de Catalogne, PSUC (communiste, créé en juillet 1936)

PSOE: Parti Socialiste Ouvrier espagnol PSOE (créé en 1879 par Pablo Iglesias)

UGT: Union Générale des Travailleurs (Syndicat de tendance socialiste, créée en août 1888)

POUM: Parti Ouvrier d'Unification marxiste, POUM (IVe Internationale, créée en 1935)

UHP: *Unión de Hermanos Proletarios, UHP* (groupant en 1934: anarchistes, socialistes, communistes. trotskistes, dans les Asturies).

XI- Rencontre Barcelone 1936
avec «*Les Marcheurs*»

Barcelone, le 20 février 2011

Lorsque mes amis Angel Castanyer de Barcelone (auteur de: *Els valors dels vençuts,* Les valeurs des vaincus), et Didier Cochet de Paris, président de l'association *Chemins de mémoire sociale*, m'ont demandé de participer à leur rencontre barcelonaise dans les pas des républicains catalans de 1936, je ne savais pas ce que l'on attendait de moi. Cependant, j'avais réuni quelques souvenirs et relu certains documents, puisqu'il se trouvait que j'avais prononcé la même année début 2011, une conférence sur ce même thème, pour une association culturelle de Saint Estève, une petite ville située près de Perpignan. Ce soit-là, j'ai tout de suite compris qui étaient ces nouveaux amis, lors du premier repas, le dimanche 10 février au soir, dans un restaurant situé près de l'Université centrale de Barcelone, rue Aribau.

Je vais les appeler en castillan *Los Caminantes* (Les marcheurs) en hommage au grand poète, Antonio Machado, mort à Collioure, en février 1939. Car, au lieu du vers du poète «*hacen camino al andar*» (ils font du chemin en marchant) ; *eux, «hacen camino al recordar» (ils marchent pour se souvenir).* Ils parcourent les chemins de la mémoire sociale et populaire européenne. Je ne les connaissais pas, et ce fut une belle découverte.

Par la suite, mon ami Angel Castanyer m'a dit que j'avais fait une vraie conférence place de Catalogne. Je lui ai répondu qu'en effet, je n'avais jamais fait un tel exposé sur une telle place, la fameuse place de Catalogne. J'avais pensé commencer sur ce lieu emblématique en souvenir d'une scène de l'*Espoir* d'André Malraux, qui se passait en juillet 1936.

Quelques jours plus tard, et je ne sais toujours pas comment, un représentant de la *Fondation des amitiés André Malraux* m'écrivait de Tunis via internet, pour me féliciter, c'était Moncef Khemiri, vice-président de cette Fondation, et professeur de la Manouba, la faculté de lettres de l'Université de Tunis.

Sur la place de Catalogne, j'avais commenté les combats victorieux des républicains catalans, contre les militaires factieux, les 18 et 19 juillet 1936; puis ceux de la *Telefónica* (la centrale de téléphones) qui les déchiraient un an plus tard, en mai 1937.

Ensuite tout en descendant les fameuses *Ramblas de Barcelone,* j'expliquais entre fontaines, opéra du *Liceu* (Lycée) et autres lieux monumentaux, la lutte fratricide de mai 1937, entre ceux qui voulaient faire la guerre et la révolution en même temps (anarchistes de la CNT-FAI et trotskystes du POUM), et ceux qui voulaient d'abord gagner la guerre, et éventuellement, faire la révolution ensuite (communistes et républicains).

En mai 1937, une ligne d'opposition réelle et terrible, puisque des coups de feu étaient échangés de part et d'autre, se matérialisait sur les *Ramblas,* et devenait pour moi, une frontière symbolique entre la IIIe et la IVe internationale. À Droite, en descendant les ramblas, le *barrio chino* (quartier chinois) où était retranchée la IVe internationale du POUM er les anarchistes de la CNT-FAI, et à gauche, le quartier gothique, où se situait la *Généralité de Catalogne* et la IIIe internationale du PSUC (celle du Comintern dirigé par Staline et par Dimitrov).

Plus bas, à droite sur les ramblas, arrivés à la hauteur du fameux hôtel Oriente, qui d'ailleurs n'a pas changé depuis, je leur rappelais le roman de George Orwell, *Homage to Catalonia,* publié en 1938. Orwell qui était membre des Brigades internationales (*2e British battalion*), avait été blessé par une balle à la gorge à Barbastro, sur le front d'Aragon, il avait d'abord été évacué sur Lérida, et puis transporté à Barcelone, précisément à l'hôtel Oriente qui servait d'hôpital.

Du toit de cet hôtel, Orwell assista, début mai 1937, au coup de feu des anarchistes de la CNT-FAI, contre les syndicalistes qui tiraient de l'édifice de l'UGT, situé un peu plus bas, depuis l'autre côté des *Ramblas.*

Ensuite, avec mes "marcheurs", nous sommes allés près du port de Barcelone, après leur avoir indiqué les deux grandes casernes, d'où étaient partis les officiers rebelles en juillet 1936, nous sommes remontés vers la rue *Ferran* qui, partant des ramblas arrive à la place *Sant Jaume,* où se trouve le palais de la *Generalitat de Catalunya, résidence du président de la Catalogne* à gauche et à droite la mairie de Barcelone.

Puis, derrière le palais de la *Generalitat,* et tout près de la cathédrale, je tenais à leur montrer un lieu emblématique, une toute petite place, qui m'a toujours intrigué, parce que je l'ai découverte sur une revue française, lors de mon enfance à Toulouse.

En effet, à Toulouse, un ami de mon père, un ancien des *Brigades internationales,* m'avait montré une collection de revues françaises de l'époque sur les combats de la guerre civile. C'était *VU par l'image,* et sur une photo, qui m'est resté gravée, il y avait un homme en soutane, près d'une mitrailleuse, sur le toit d'une église place *Sant Felip Neri.*

Nous nous trouvions précisément sur cette place minuscule, et j'essayais de leur faire comprendre pourquoi je les avais attirés jusqu'à cet endroit insolite, car la façade de l'église *Sant Felip Neri* est toujours bel et bien criblée de balles. Pourquoi ? Ma réponse vaut ce qu'elle vaut, les historiens diront un jour ce qui s'est réellement passé à cet endroit.

En attendant, je continue à croire que des officiers rebelles savaient qu'ils pouvaient trouver un refuge dans cette église. Les miliciens anarchistes qui les avaient poursuivis jusque là, le 18 juillet 1936, les ont assaillis pendant deux longs jours jusqu'à leur reddition. Ce jour-là, j'ai bien vu à leurs attitudes que mes nouveaux amis des *Chemins de mémoire sociale* étaient bien servis en émotions.

Durant cette journée, ai-je réussi à faire passer à mes amis *Los Caminantes* de Paris, le souffle et l'ambiance révolutionnaire des années 30, portés par les anarchistes et les républicains à Barcelone et en Catalogne ?

Je l'ignore, mais c'était le but que je m'étais proposé avant de les rencontrer, parce que j'étais convaincu que l'Europe des années 1930 était en pleine effervescence et vivait une crise politique très grave, opposant le fascisme et le communisme à échelle mondiale, et, plus précisément, que cette crise touchait Barcelone, qui dans le contexte européen de l'époque était, peut-être avec Prague et Varsovie, une des capitales où se jouait le futur de la démocratie, contre la barbarie franquiste, fasciste et hitlérienne.

Pour ma part, je garderai un souvenir émouvant du passage de *los Caminantes que hacen camino al recordar...* (ces marcheurs qui font du chemin en cultivant la mémoire sociale et populaire).

Ensemble nous avons marché, échangé, et finalement chanté notre chère et inoubliable II République espagnole, avec *des chansons comme. "Grandola vila Morena"*, *"Los cuatro generale*s", *"A les barricades"*, *"El ejército del Ebro"*, *"Bella Ciao"*, et bien sûr *"Le temps des cerises"*, et pour finir *Els Segadors* (les moissonneurs, hymne national catalan, qui date de la *Guerra dels segadors* de 1640), que d'ailleurs les clients du restaurant barcelonais, où nous prenions notre dernier repas, ont tous repris en cœur avec nous.

XII- Passé, présent et futur de l'Union pour la Méditerranée (UpM)

Rencontre organisée par Plate-Forme de Rénovation de la Gauche catalane et socialiste (PRGCS)

Perpignan, 2011

Participants :

- Jean Bigorre: PRGCS, présentation des intervenants.

- Gentil Puig: universitaire, Méditerranée et Catalogne.

- Joseph Sfeir: journaliste, Israël et Palestine.

- Henri Sicre, ex-député PS: Processus de Barcelone

- Raimon Obiols, député européen: UpM et perspectives.

Jean Bigorre (PRGCS)

Je remercie Josep Serra, président du *Casal Jaume Primer* de Perpignan de son accueil, en tant que président de la PRGCS, j'ai le plaisir de vous présenter les intervenants de notre rencontre : tout d'abord Gentil Puig-Moreno, universitaire de la UAB de Barcelone, cheville ouvrière des divers contacts, ensuite notre ami Joseph Sfeir, journaliste libanais et grand connaisseur de la Méditerranée, Henri Sicre, ancien député PS des Pyrénées Orientales, et Raimon Obiols, de Barcelone et député européen pour le PSC. Je vous remercie tous de votre présence à Perpignan. J'ajoute

153

que le thème que nous allons traiter et qui concerne les événements qui se déroulent en ce moment en Méditerranée est d'une importance capitale, peut-être comparable à ceux qui eurent lieu en Europe en 1848, lors des révolutions nationales et libérales. Je donne tout d'abord la parole à notre ami de Céret, Gentil Puig-Moreno, qui traitera des Catalans et de la Méditerranée.

Gentil Puig-Moreno (universitaire)

Certains d'entre vous se souviendront certainement qu'il y a de cela un an, j'avais proposé à Raimon Obiols de venir à Perpignan faire une conférence sur l'Euro-Méditerranée, mais à l'époque pour diverses raisons le projet n'avait pas pu se réaliser. On pensait que ce n'était pas un thème très mobilisateur, ni à d'actualité.

Mais, depuis quelques mois, beaucoup d'événements aussi inattendus que prometteurs se sont produits de l'autre côté de la Méditerranée et notre projet est redevenu non seulement possible, mais actuel et nécessaire. C'est la raison qui nous réunit ce soir. Voilà pourquoi nous avons également fait appel à Henri Sicre, qui a été député PS de la 4e circonscription des Pyrénées Orientales pendant 4 législatures, et qui a connu le début du Processus de Barcelone avant 1995, comme membre de la commission des Affaires étrangères de l'Assemblée nationale, et qui va nous en parler.

Je voudrais pour ma part mettre en relief un seul aspect de la question : celui des Catalans, de la Catalogne et la Méditerranée, avec une très brève mise en perspective historique. Car, ceux qui habitent Perpignan, savent que nous sommes ici, très près du Palais des Rois de *Majorque*. Or, l'île de *Majorque,* conquise par *Jacques 1er* (1229-1235) c'était déjà le contact des Catalans avec la Méditerranée.

Par la suite, le royaume de *Majorque* n'a duré que 68 ans de 1276 à 1344, puis il a été réintégré à un ensemble plus vaste qui était celui de la Coronne d'Aragon et des Comtes de Barcelone, qui a pris la forme politique d'une confédération avec le royaume de Valence, et qui a duré de 1164 à 1715 (près de 5 siècles).

Certains historiens ont vanté les conquêtes militaires catalanes en Sicile (1282) en Sardaigne (1323-26), et en Grèce avec les ducats d'Athènes (1319-1390), mais, d'après le grand historien de la longue durée, et spécialiste de la Méditerranée, Fernand Braudel, les conquêtes militaires ne sont pas ce qui est le plus significatif de l'action des Catalans dans la Méditerranée.

Fernand Braudel démontre, documents des archives de Simancas à l'appui (petite ville située près de Valladolid où sont conservées les archives de la couronne de Castille qui datent de 1540, deux siècles après celles de la couronne d'Aragon), que l'activité manufacturière, commerciale, de peuplement et l'ouverture de routes maritimes et des *Consulats de mar* des navigateurs et commerçants catalans étaient nombreux en Méditerranée.

Il cite l'anecdote des produits manufacturés de Barcelone au XIVe siècle, qui débarqués sur le port de Tunis, arrivaient ensuite, par caravanes, jusqu'au Soudan; c'étaient des armes, du textile, de la draperie, des cordages, des outils, des objets manufacturés, etc.). Pendant les XIVe et XVe siècles, les routes commerciales maritimes catalanes s'étendaient sur le pourtour de toute la Méditerranée. Routes de cabotage au nord, sur les côtes de Provence et Génoises; routes de cabotage au sud de Tanger à Tripoli, route maritime des îles (Majorque, Sardaigne, Sicile), route du Levant (Chypre, Syrie, Alexandrie), route de l'Adriatique et de la Grèce.

En sautant plusieurs siècles, si nous revenons à l'histoire récente de la Catalogne et au gouvernement de Jordi Pujol (1980-2003), on ne s'étonnera pas qu'il soit allé, lui aussi, en Tunisie dans les années 90 avec des entrepreneurs catalans, et qu'un *Institut Català d'Estudis Mediterranis* ait été créé en 1989 par la *Generalitat*.

Par conséquent, je pense que l'expérience historique catalane devrait pouvoir inspirer les actions politiques actuelles, car elles étaient fondées davantage sur le dialogue, les échanges commerciaux et culturels d'égal à égal, beaucoup plus que sur les coups médiatiques et militaires actuels. D'ailleurs, si en 2009 l'UpM a finalement choisi Barcelone (au lieu de Marseille souhaité par Sarkozy) comme siège central, ce n'est pas non plus un hasard.

Avec notre ami Joseph Sfeir, nous sommes allés à Barcelone au Palais de Pedralbes, le siège barcelonais de l'UpM pour nous informer, mais personne n'a pu nous recevoir, et pour cause, tout était paralysé! Mais il y a peu de jours, Joseph a pu rencontrer un vice-secrétaire italien de cet organisme à Paris. Il va nous en parler.

Joseph Sfeir (Journaliste libanais)

Cette rencontre de Paris dont Gentil vient de parler n'a rien donné et, par conséquent, je ne peux rien en dire. Cependant, on a appris que le secrétaire général adjoint, l'italien Lino Cardarelli, a été récemment promu secrétaire général intérimaire. Rappelons au passage que l'ex-secrétaire général de l'Union pour la Méditerranée, le Jordanien Ahmad Masa'deh, n'appartenait même pas aux pays riverains de la Méditerranée, et que depuis 2008, il n'a pas réussi à faire grand-chose pour l'UdM.

Par contre, j'aimerais avancer deux idées pour le débat concernant aussi bien sur le *Processus de Barcelone* de 1995, que *l'Union pour la Méditerranée* de 2008. Il s'agit, d'une part, du long conflit israélo-palestinien, et d'autre part, du déséquilibre flagrant de traitement entre l'aide attribuée par l'Union européenne aux différents pays du Maghreb au détriment de ceux du Moyen-Orient.

Car, depuis le tout début de la création du *Processus de Barcelone* (PdB) l'assassinat d'Itzrhak Rabin le 4 novembre 1995 est venu entraver et paralyser le processus de paix dans tout le Moyen-Orient. Depuis, je pense que le poids énorme et l'aggravation de ce conflit ont complètement hypothéqué la politique européenne du *Processus de Barcelone* qui en a beaucoup souffert. Par ailleurs, on peut se demander si ce conflit n'est pas à l'origine du déséquilibre et du semi-abandon des pays du Moyen-Orient, auquel je faisais allusion.

Car, nous savons tous le poids considérable des relations historiques et politiques entre, d'un côté, la

France, l'Espagne, Italie et l'Europe, et de l'autre côté, les trois pays du Maghreb Algérie, Tunisie et Maroc). Nous pouvons facilement le comprendre, mais les pays du Moyen-Orient ne peuvent pas accepter cette différence de traitement.

Quel sera maintenant le futur de *l'Union pour la Méditerranée*, revue et corrigée avec l'irruption des nouveaux acteurs issus des révolutions en cours dans de nombreux pays de la rive sud et orientale de la Méditerranée? Nous l'ignorons, mais il ne peut pas être pire que ce qui existait avec l'UpM, jusqu'à ces derniers mois. Je vous remercie.

Henri Sicre (ex-député PS)

Lorsque Gentil m'a demandé de parler de l'historique du *Processus de Barcelone* (PdB) avant et après 1995, je me suis penché sur mes notes, lorsque j'étais membre de la commission des Affaires étrangères de l'Assemblée nationale française. Avant 1995 il existait déjà de nombreux projets bilatéraux de coopération entre les pays du nord et du sud. Le PdeB allait vite devenir une nécessité qui connaîtrait très vite des réussites, et aussi ses limites.

Le *Processus de Barcelone* est né dans l'esprit d'Oslo. La Conférence euroméditerranéenne des ministres des Affaires étrangères des 27 et 28 novembre 1995 a lancé la première initiative régionale de l'Europe sur l'espace méditerranéen. Le Processus de Barcelone, d'après la ville qui a consacré ses débuts, a été rendu possible par le contexte international de l'époque.

Le PdB était un projet ambitieux entre les 15 États membres de l'UE à l'époque et 10 pays de la région méditerranéenne : le Maroc, l'Algérie, la Tunisie, l'Égypte, Israël, la Jordanie, le Liban, la Syrie, l'Autorité palestinienne et la Turquie, auxquels se rajoutaient l'Albanie et la Mauritanie, en tant «qu'invités de la Présidence». Suite à l'élargissement de 2004 et 2007, l'UE y associa ses 27 États membres, dont deux autres pays méditerranéens, Chypre et Malte.

La coopération née à Barcelone était généreuse. Rédigée à partir du projet avancé par la Commission européenne, elle adopte une approche divisée en trois volets : la définition d'un espace commun de paix et de stabilité par le dialogue politique et de sécurité ; la construction d'une zone de prospérité par un partenariat économique et par l'établissement d'une zone de libre-échange à l'échéance de 2010 ; le rapprochement culturel en partenariat culturel et social entre les deux rives de la Méditerranée.

En 2007 on constatait des avancées du PdB. Les instruments de la Commission européenne ont été utilisés par le Processus de Barcelone. Ainsi, la Commission européenne a signé des accords avec les pays méditerranéens. Les feuilles de route de la politique de voisinage depuis 2006 ont été signées. Ces accords ont été essentiels pour la coopération économique, car 90 % de l'aide financière dans le cadre de MEDA a été engagée. Les financements européens jusqu'en 2006 ont atteint un total de 8,75 milliards d'euros pour la période 1995-2006: 3,40 Mds € pour MEDA I (1995-1999); 5,35 Mds € pour MEDA II (2000-2006).

Ces sommes ont servi à financer des projets d'infrastructure ou de reconversion structurelle. Pour les échanges culturels, malgré le programme EUROMED-Jeunesse, et le programme de mobilité étudiante TEMPUS, il reste beaucoup à faire pour la culture. Avec un tiers de la population de ces pays en dessous de l'âge de 15 ans et face aux problèmes de développement économique, les défis sont énormes.

Le bilan du PdB n'est pas négatif. Avec un plan ambitieux de coopération régionale, le partenariat Euromed a été le seul forum à réunir les pays riverains. En dépit des objectifs énoncés en 1995, aujourd'hui la coopération va davantage dans le sens nord-sud qu'entre les pays de la région eux-mêmes. Les vrais enjeux de la Méditerranée tels la libéralisation du commerce des produits agricoles et de la pêche, la coopération énergétique, la gestion de l'eau, les transports et les migrations n'ont pas été résolus. Le PdB a été un acquis et un cadre institutionnel privilégié pour le dialogue régional avec des institutions, mais une restructuration stratégique était nécessaire afin de pouvoir répondre aux nouveaux défis. Les objectifs ambitieux du PdB se sont heurtés à plusieurs problèmes : l'aggravation du conflit au Moyen-Orient a freiné le PdB et imposé des limites à la coopération ; le partenariat n'a pas abouti aux résultats en matière de droits de l'homme ; le volume des échanges sud-sud, est faible tout comme les investissements

En 2007 la Commission considérait que la stratégie décidée à Barcelone et les principaux instruments étaient valables. La Commission proposait déjà de conditionner les futures dotations financières aux efforts consentis par les partenaires à la réalisation des réformes politiques. L'octroi d'aides financières dépendrait des progrès réalisés en matière de démocratie et de droits de l'homme. La coopération politique et une Charte euro-méditerranéenne pour la paix et la stabilité devraient renforcer le dialogue politique et les mécanismes permettant de traiter les problèmes de sécurité et de stabilité. En 2008 une nouvelle page semblait donc s'annoncer.

Raimon Obiols (député européen, PSC)

En novembre 2009, j'avais déjà écrit qu'une clarification de l'Union pour la Méditerranée était nécessaire. Je pense qu'elle devra être repensée de fond en comble. Depuis sa création en 2008, l'Union pour la Méditerranée a connu de grandes difficultés. Les problèmes sont dus, comme l'a fait remarquer Joseph Sfeir, au conflit israélo-palestinien. Mais il y a d'autres raisons internes, dues à la gestation du projet de l'UpM et à sa propre vision stratégique. Il fallait un débat pour éclaircir ces deux questions : la relation entre projets UpM et le conflit israélo-palestinien, et les perspectives de développement du projet lui-même.

On disait que l'UpM était bloquée à cause du conflit israélo-palestinien, en fait, elle a été *«institutionnellement suspendue»* à la demande des pays arabes à cause de l'intervention armée d'Israël à Gaza, l'hiver 2008. Bernard Kouchner souligna, en mai 2009, que l'UpM *«était bloquée»*. Toutefois, en juin 2009, une réunion ministérielle s'est tenue à Paris, avec le ministre israélien de l'Environnement, Gilad Erdan, et du ministre de l'Économie de l'Autorité palestinienne, Bassem Khouri.

Le conflit a été écarté pour aborder des questions de gestion de l'eau et du transport. L'UpM semblait sortir du tunnel et des déclarations triomphalistes n'ont pas manqué. Henri Guaino déclara au *Monde* : «*personne n'aurait parié sur nos chances de parvenir à monter une réunion de ce genre. Elle dément ceux qui veulent que tout échoue. L'UpM est relancée*».

Mais cette relance a été éphémère. La réunion des ministres des Affaires étrangères convoquée fin novembre 2009 à Istanbul a été ajournée *sine die*. Il a été décidé d'établir le siège du secrétariat à Barcelone, mais la nomination de son premier secrétaire général restait en suspens. Il y avait une incertitude dans la préparation des projets et dans les prévisions de financement. Le degré d'engagement et la portée de la contribution du BEI n'étaient pas connus, et l'Allemagne avait indiqué en 2010 que l'UpM ne pourrait pas bénéficier d'un budget supplémentaire européen à celui du Processus de Barcelone. Le partenariat public-privé dépendait, de la cohérence et de la continuité du projet de l'UpM. Il y avait un contraste entre les intentions déclarées et les résultats réels, et si un changement d'orientation ne se produisait pas, une frustration exacerbée ne manquerait pas de se développer.

Dès sa conception en 2008, l'UpM était confrontée à une question cruciale encore non résolue: son fonctionnement dépendait-il du conflit israélo-palestinien ou devait-il se développer de manière autonome? Autrement dit: doit-on attendre la fin du conflit pour élaborer une politique euro-méditerranéenne ambitieuse, qui tienne compte de l'urgence des autres problèmes méditerranéens ?

La politique euro-méditerranéenne qui a émergé du Processus de Barcelone (1995) et qui s'est développée avec la *Politique de Voisinage* (2004) a permis de contourner ce dilemme. Le PdB était conçu comme un développement d'un large réseau régional, des accords d'association et des plans d'action entre l'UE et les divers pays de la Méditerranée méridionale et orientale, qui garantissait sa continuité.

La conception de Sarkozy a été paradoxale, elle impliquait deux objectifs contradictoires: d'un côté une *«dépolitisation»* qui ajournait et étouffait les réformes démocratiques et les droits de l'homme dans la région, en s'appuyant sur une realpolitik ostentatoire auprès des Hosni Moubarak, Ben Ali et Bashad al-Assad, qui mettait l'accent sur une stratégie *«union de projets»* et une « *institutionnalisation* » qui a renforcé sa centralisation.

Rappelons que dans son discours de Tanger d'octobre 2007, le président Nicolas Sarkozy avait déjà évoqué le « *fonctionnalisme* » de Jean Monnet et avait comparé son futur projet d'UpM avec la CECA (rien de moins !) qui avait jeté les bases de l'unité européenne. De plus, le président Nicolas Sarkozy proposait une institutionnalisation politique forte, montée de façon spectaculaire lors de la cérémonie constitutive de l'UpM en 2008 à Paris.

Dès 2009, du rôle opérationnel des fonctionnaires, des experts et des ambassadeurs, on passa à l'action des chefs d'État et de gouvernement. Cela avait des avantages, mais aussi des servitudes. Dominique Baudis, président de *l'Institut du monde arabe,* affirmait: *«C'était une erreur de lancer le*

Processus de Barcelone simplement à un niveau ministériel. Quand l'initiative est prise au niveau des chefs d'État et de gouvernement, l'impact politique est plus fort». Mais il oubliait de dire que l'on augmentait d'autant la dépendance face aux facteurs imprévisibles de la situation politique, comme l'ont montré les errances de l'UpM.

En 2010, l'UpM se trouvait dans une situation d'impasse préoccupante, et certains optaient pour la polémique, comme Henri Guaino qui écrivait *«L'Union pour la Méditerranée est un combat. Nous le mènerons ce combat, jusqu'au bout ! C'est un combat juste. Ceux qui sont responsables de l'échec de Barcelone sont les plus mal placés pour donner des leçons».* Cette discussion était absurde. Il fallait discuter de la mise en œuvre de l'UpM, de ses difficultés et de ses contradictions. Il fallait opter pour des changements nécessaires pour l'avenir. Il fallait un accord sur l'orientation politique et, les fuites en avant façon Guaino, y aidaient très peu.

Depuis 2011, face aux urgences des révolutions populaires et démocratiques en cours des pays de la rive sud de la Méditerranée, et des défis généraux de la Méditerranée, il ne fallait pas créer de fausse alternative. Il ne serait ni juste ni lucide de faire abstraction du conflit entre Israël et les pays arabes. La politique méditerranéenne ne pourra évoluer qu'en fonction de ce qui se passe sur la rive sud et au Proche-Orient. Et il est impératif d'aider cette évolution, de telle sorte que cela ne paralyse pas les politiques euro-méditerranéennes.

Depuis la création de l'UpM en 2008 il y a eu trop de rhétorique et un certain manque de professionnalisme et de bon sens. Serons-nous capables à l'avenir de surmonter cette situation ? Les problèmes des peuples de la Méditerranée l'exigent. La relance d'une nouvelle UpM, ou d'un organisme euro-méditerranéen sur des bases tout à fait nouvelles doit être le travail de tous les pays sur des bases de respect mutuel. Je crois qu'à l'avenir ceux qui occupent le devant de la scène politique feraient bien d'adopter une attitude plus respectueuse envers les peuples méditerranéens, avec un engagement plus sérieux et plus démocratique.

XIII- «Printemps de Tunis» d'Abdelwahab Meddeb

Céret, mai 2011

Comme nous tous, l'écrivain tunisien, Abdelwahab Meddeb a été bouleversé par ce printemps survenu en plein hiver. Dans un de ses derniers livres publiés par les éditions Alban Michel en 2011, il nous fait partager une aventure inouïe, où le désir démocratique de la jeunesse tunisienne est devenu irrésistible. De Tunisie sont partis les printemps des peuples arabes. En quelques jours, sous l'impulsion de la jeunesse, et d'Internet, les Tunisiens ont renversé une dictature qui, la veille encore, semblait inébranlable.

À Tunis, où les visages portent les signes de cette métamorphose de l'Histoire, Meddeb a rencontré les acteurs d'une révolution éclairée par des valeurs universelles, laïques et non violentes. C'est une leçon politique qui exalte la création d'un peuple devenu enfin souverain, qui ruine les théories de la fin de l'Histoire ou du choc des civilisations. Touchées par le sacrifice d'un fils du peuple livré aux flammes, les élites intellectuelles ont renforcé un mouvement lancé par les plus pauvres et les plus jeunes.

Meddeb a écrit un livre au cœur de la révolution, avec justesse et avec une grande hauteur de vue. C'est ce printemps, avec tous les espoirs, les craintes, que nous raconte Abdelwahab Meddeb. Deux mots, deux revendications, dominent cette révolution : liberté et dignité. Du sacrifice de Mohamed Bouazizi qui s'immole le 17 décembre dans une région reculée, *périphérie de la périphérie*, au réveil de toute une société civile tunisienne qui attendait ce soulèvement depuis trop longtemps.

Dès les premiers jours de la révolution, on suit avec Abdelwahab Meddeb, l'héritage ambivalent semé par le président Habib Bourguiba (1957-1987).

> *«Ce désir de liberté n'est pas né à partir de rien. Il est le résultat de la politique bourguibienne de l'instruction. Nous assistons à l'un des effets décrits par Condorcet. La généralisation de l'instruction est la meilleure condition pour promouvoir des citoyens libres, capables d'influer sur l'évolution des lois».*

Dans son livre, A. Meddeb nous présente les acteurs de ce printemps. Les jeunes, les cybermilitants, les femmes, les juristes qui devront donner à la Tunisie un cadre institutionnel propice à l'émergence de la démocratie. Il nous livre les sentiments de l'exilé, amené à méditer sur sa propre identité depuis le jour de son premier départ, et qui se redécouvre:

> *«La Tunisie renaît en moi, après une forme d'hibernation. Le sentiment d'appartenance ne meurt jamais, nous demeurons habités par la scène de l'origine…».*

Meddeb voudrait mettre tous les enseignements de l'histoire au service de cette transition qu'il sait particulièrement vulnérable.

Le constitutionnalisme allemand de l'après-nazisme pour éviter qu'un parti intolérant ne profite de l'ouverture démocratique, l'Espagne pour sa gestion exemplaire de la transition d'une dictature à la démocratie. Vaclav Havel, pour le mélange d'audace, de culture et de sagesse durant la transition qui suivit la chute du Mur de Berlin. Dans le passage d'un État corrompu à un État démocratique, il faut des démocrates, mais aussi des guides de l'ancien régime acquis au changement. Pour préserver ce formidable moment de liberté qui vient d'envahir tout un pays... et au-delà.

«Ce processus, écrit-il, *n'a été ni conçu ni vécu dans l'horizon identitaire. Ceux qui l'ont initié sont des jeunes qui s'identifient aux individus globalisés. Ils rêvent d'être dans le monde, de l'enrichir pas ce qu'ils sont, de pouvoir se déplacer et y circuler sans entraves, en procédant librement aux allers et retours entre chez eux et ailleurs. (...) Cette jeune génération orientale du digital vient de donner une leçon à ses propres aînés et à l'Occident. Elle inaugure une nouvelle forme politique, une autre façon de participer à l'Histoire. (...) Le président Obama constate que ce type d'action via le Web tend à disqualifier les partis politiques traditionnels. Il a vu dans ce qui vient de se passer en Tunisie et en Égypte la possibilité de porter un coup mortel au mythe d'al-Qaida et de proposer un autre récit à l'imaginaire arabe et islamique, celui de la liberté. (...) Si le 11 septembre à New York et Washington illustre la maladie, le 14 janvier à Tunis confirmé par le 11 février au Caire propose le remède. Tels sont les enjeux qu'aucun de nos experts et intellectuels occidentaux n'a intégrés dans leurs analyses».*

Dans ces observations finales de son livre, Meddeb indique trois aspects sur lesquels nous devrions tous méditer: d'une part, il y a désormais les deux faces du monde musulman, là, où n'en connaissions qu'une (les islamistes). C'est un fait nouveau, d'une dimension exceptionnelle, dont nous commençons seulement à en percevoir les conséquences. D'autre part, en ce qui concerne la lutte contre l'intégrisme islamiste, nous devons reconnaître que les démocrates et laïques de ces pays musulmans en lutte sont beaucoup plus critiques que nous, occidentaux.

Car, tous les jours, les salafistes sont devant eux, provocateurs, ils les connaissent beaucoup mieux que nous, ils doivent les affronter en première ligne, comme vient précisément de l'écrire mon ami universitaire de Tunis, Moncef K., qui m'explique comment les intégristes viennent le provoquer, pendant ses cours, en installant au premier rang de l'amphithéâtre un groupe de jeunes filles en niqab. Ce fait n'est pas anodin, c'est un exemple de la difficile résistance des démocrates tunisiens.

Finalement, il ne s'agit pas seulement d'une révolution circonscrite uniquement dans certains pays musulmans, mais aussi, et surtout, d'une révolution qui s'adresse à tous les pays, qui nous concerne tous, parce qu'il y a des aspects nouveaux, qui nous interpellent dans ce qu'elle a d'unique et d'universel.

XIV- Paul Berthelot
Un jeune espérantiste à Céret
entre 1903 et 1907

Céret, mai 2012

En 2010, dans la revue littéraire catalane Vallespir[74], Hector Alos (secrétaire de l'*Association catalane d'Esperanto (ACS)*, avait déjà publié un article sur Paul Berthelot pour une revue espérantiste. C'était à la suite de la rencontre de Céret d'octobre 2004 qui célébrait le Centenaire de la création de l'*Aplec Esperantista de Catalunya* (aplec, signifiant rassemblement) de 1904. Cette commémoration avait compté sur une participation internationale. Certaines informations sur Paul Berthelot proviennent de cet article.

Paul Berthelot fut un jeune homme assez extraordinaire pour que les lecteurs de la revue littéraire catalane *Vallespir* le connaissent et puissent l'apprécier à sa juste valeur. Il est né à Auxerre en 1882, fils de Paul Berthelot (père), homme de science et physiologue, qui fut un des fondateurs avec Jules Ferry de l'Instruction publique française, un républicain progressiste typique de la IIIe République française naissante (1879-1940). Le jeune Paul Berthelot apprit l'espéranto lors de ses études secondaires au lycée de Reims. Par la suite, en 1900, il commença ses études de médecine à Paris, mais très vite il les abandonna parce qu'il voulait éluder le service militaire, car à l'université il avait adhéré au mouvement antimilitariste.

---

[74] Vallespir, n° 6 (2010) Revue littéraire catalane publiée par le CCCV. Céret

Fin 1901, il s'enfuit pour la Suisse, où il apprit le métier de typographe en 1902.

En 1903 nous retrouvons Paul Berthelot à Céret où il s'installa à 21 ans. Il travailla comme typographe à l'imprimerie «Vallespir» de Monsieur Sitger. Ce n'était pas un hasard, mais le résultat des recommandations de ses amis typographes et espérantistes suisses. Très vite, il devint l'ami d'un groupe de jeunes typographes cérétans.

Paul Berthelot développa à Céret une intense activité militante de diffusion de l'espéranto, en suivant, sans doute, les idées progressistes de son père. De plus, ses convictions anarchistes ne l'empêchèrent pas du tout de comprendre et d'assumer le sentiment catalaniste de ses amis, tout comme la réalité catalane des terres qui l'avaient accueilli, et où il avait déjà beaucoup d'amis qui commençaient à l'apprécier.

En 1904, Paul Berthelot eut l'idée de fonder une Association catalane de l'Espéranto afin d'unir les espérantistes catalans vivant de chaque côté des Pyrénées. Pendant l'été 1904, il voyagea en Catalogne *Principat* pour maintenir des contacts avec des groupes espérantistes de Barcelone et de Manresa, qui acceptèrent de devenir délégués de la future association.

En septembre 1904, il écrivit un article ayant pour titre *«Tra fremda lando»* (en terres étrangères) qui fut publié à la revue *Lingvo Internacia* (Langue internationale) où il commentait son voyage à Barcelone et Manresa et annonçait la création avec ses amis typographes cérétans du *«Grup Esperantista de Catalunya»*.

Le mois de septembre 1904, Émile Boirac avait fait une conférence à la mairie de Céret sur le thème de *«La nécessité d'une langue internationale et l'espéranto»*. Emile Boirac[75] était un philosophe célèbre, recteur de l'Université de Grenoble et président de *l'Académie d'Espéranto*. Il avait des relations avec le Roussillon parce que son épouse était née à Salses, village marquant le nord du Pays catalan.

Le *Courrier de Céret* se fit écho de l'événement et annonça une réunion espérantiste à Figuères pour le 25 septembre 1904. Mais, ce ne fut que durant le mois de novembre que naquit la nouvelle association. Finalement, celle-ci avait pour nom : *Aplec Esperantista de Catalunya (AEC)*, le secrétariat et le siège social seraient à Céret. *L'Aplec* avait pour objectif de réunir tous les groupes espérantistes isolés qui commençaient à exister de part et d'autre des Pyrénées. Les délégués nord-catalans étaient Jean Baron, de Perpignan, et le fabricant de cycles de Céret, Edouard Agramon. Le 22 décembre 1904 le communiqué *«Espéranto & Catalan»* apparaissait dans le journal *L'Indépendant,* de Perpignan, où l'on pouvait lire un appel en faveur de l'espéranto signé par l'*Aplec*, et accompagné d'un bulletin d'adhésion rédigé en catalan.

L'année suivante 1905 le bulletin de *l'Aplec, Espero de Katalunjo* (Espérance de Catalogne) était publié à Céret, ce fut aussi le premier bulletin espérantiste catalan. Trois numéros furent uniquement publiés. Il s'agissait d'une publication écrite majoritairement en catalan, avec certains articles écrits en langue esperanto. Le bulletin comptait une centaine de membres de l'association et avait des

---

[75] Boirac, E. (1906): *Qu'est-ce que l'espéranto?* Ed. F. Alcan, Paris

correspondants à Figuères, comme à Girona, Barcelona et Manresa, mais aussi à Céret, Perpignan, Narbonne et Béziers.

Parmi les articles publiés il faut mentionner trois pages du numéro 1, signées par un notaire de Figuères du nom de Salvador Dalí, le père du fameux peintre surréaliste, qui insistait sur la nécessité d'une langue internationale, et d'une organisation catalane qui puisse la faire connaître à tout le pays.

Le troisième numéro d'*Espero de Katalunjo* publiait une liste des adhérents de l'Aplec, parmi lesquels 22 étaient de Perpignan, 21 de Barcelone, 13 de Céret et 3 de Manresa. Les membres de l'*Aplec* de Céret étaient : Edouard Agramon, Paul Berthelot, l'avocat Jean Sors, les agents de la poste, Edmond Baux, Joseph Fauvet, Henriette Bertholle, Maria Coderch et Léa Come, les typographes Marie Lamiot, Salvador Palau, Francesc Batlló et Joan Julia. Il faut rajouter Teresa Julia, car elle fut pendant de nombreuses années présidente du *Groupe Espérantiste de Céret*. Les membres protecteurs étaient Pierre Chopis, inspecteur des écoles primaires, Frédéric Dalbiès, secrétaire de justice, Joseph Parayre, et Auguste Raynaud, procureurs. L'appui de ces personnalités indiquait que le mouvement espérantiste comptait sur la respectabilité des gens les plus éclairés et cultes de la ville.

Pendant son séjour dans le Vallespir Paul Berthelot fonda aussi en 1905 la revue *«Esperanto»* dans laquelle il publia son *Dictionnaire Esperanto-Esperanto* (avec la définition des racines). Il fut aussi l'initiateur de la *Revue sociale internationale* d'inspiration anarchiste. Après ces quatre années d'activisme intense en faveur de l'espéranto, Paul Berthelot quitta Céret au début de l'année 1907, pour embarquer du port de Marseille à destination de l'Amérique du Sud.

Après une halte de quelques mois à Montevideo, la capitale de l'Uruguay, il partit pour Rio de Janeiro au Brésil l'été 1907 où il participa au Congrès brésilien d'Espéranto, et où il connut Nenon Vascon, dirigeant anarchiste du *Groupe Terre Libre*. À Rio de Janeiro, il enseigna le français et l'espéranto dans la fameuse Académie de langues Berlitz, et après 1908, il fut nommé directeur de sa succursale à Petropolis, cité de villégiature de la bourgeoisie et de la diplomatie brésilienne. Mais, très vite il perdit son travail à cause de son action de propagande anarchiste et antimilitariste. Il publia différents articles dans le journal *«A Voz do Trabalhador»* édité par la *«Confederaçaô Operària Brasileira»*, la confédération anarchiste ouvrière. En 1909, il fut membre du *Comité de la Langue Espéranto*.

Après une période difficile, pendant l'année 1909, il essaya de retourner en Europe, mais dans l'impossibilité, il s'intéressa à la culture des indigènes. Il alla à Leopolaina, dans *l'Estado do Goiás*, au centre du Brésil, entre les États de *Mato Grosso* et de *Minas Gerais* pour y fonder une colonie anarchiste *«Colonia Agricoia Socialista nos serioês do Araquaia»*. Après un échec malheureux, au début 1910, il fut nommé inspecteur de navigation fluviale de la *«Companhia de Navegaçaô do Araquaia»* sous la protection du sénateur Urbano Gouveia qui lui avait trouvé ce poste. À Arauna, il étudia la culture et la langue des indigènes, et il collabora à des revues de Sao Paulo.

Il rédigea en français le livre *«L'Évangile de l'heure»*, et poursuivit son voyage vers le nord du Brésil jusqu'à *Belém-do-Pará*. Atteint de tuberculose il vécut ses dernières semaines à *Conceiçaô do Araguaia*, enseignant l'espéranto aux moines d'un monastère, qui le soignèrent, il préparait un manuel d'enseignement de l'espéranto en latin *«Compendium grammaticae Esperanti»*. Il mourut au Brésil, à *Conceiçaô do Araguaia* dans l'*Estado do Para*, le 2 novembre 1910. Il avait à peine 28 ans. Malgré son final tragique, nous croyons que Paul Berthelot représente un exemple magnifique pour la jeunesse actuelle de Céret et d'ailleurs, et que les autorités municipales de Céret seraient bien inspirées si elles pouvaient lui rendre un jour l'hommage qu'il a tant mérité, en lui dédiant le nom d'une rue ou d'une place !

Mais quel sera le/la maire de Céret qui croira suffisamment en la culture, afin de respecter la mémoire historique et aura suffisamment d'audace pour réaliser ce projet?

XV- Que se passe-t-il en *Catalogne Principat* ?

Barcelone, novembre 2012

Comment expliquer ou faire comprendre à des citoyens français, pétris par une République française unitaire, centraliste, et passablement jacobine, ce qui se passe très près de chez eux, en *Catalogne Principat* ou autonome, et dans l'État espagnol des autonomies ? Doit-on rappeler que celui-ci est issu de la transition démocratique (1977-1981) qui a réorganisé l'État franquiste en un état décentralisé? Les autonomies espagnoles ressemblant à une sorte de système fédéral à la carte, où chacune d'entre elles possède, ce qu'elle réussit à négocier et à accorder avec le pouvoir central.

La gageure de l'explication à mes amis français est de taille. Mais, je crois savoir comment y arriver parce que, comme fils d'exilé républicain catalan, ayant été formé par l'école républicaine française qui, je le reconnais très volontiers, a de grands mérites, m'ayant conduit jusqu'à un doctorat en sciences du langage. Je ne saurai pas la critiquer, bien au contraire. Mais une chose est l'école, la langue et la culture françaises, et une autre, bien différente, est celle de l'organisation de l'État républicain, son centralisme et le peu de respect de sa propre diversité; que ce soit celle des cultures, dites régionales, ou des cultures immigrées. Elles font pourtant la richesse et la vie des écosystèmes culturels de toute société démocratique et moderne.

De ce point de vue l'exemple de la Catalogne est un contre-modèle, ou un modèle différent de celui de la

République française. Il démontre que l'on peut tout aussi bien intégrer, renforcer le vivre ensemble et l'égalité, défendre l'école publique et les services publics, respecter les autres cultures dans un esprit de tolérance et de respect mutuels, tout en affirmant et en consolidant l'identité historique du peuple catalan. De ce point de vue, la Catalogne n'a rien à envier à la République française, car elle aussi, elle a une langue qui a mille ans d'histoire derrière elle.

Pour une majorité de Catalans, le modèle autonomiste de l'État espagnol (modèle qui en France n'a jamais eu cours ni existé, et pour cause), semble aujourd'hui épuisé et de plus en plus refusé en Catalogne. Les raisons de ce rejet sont multiples et elles ne dépendent pas uniquement de la crise économique, même si celle-ci a accéléré le processus. Les Catalans ont expérimenté pendant 40 ans le système autonomiste, mais aujourd'hui, certains d'entre eux veulent aller au-delà, avec l'indépendance. Devant une telle situation, de nombreux citoyens français ne comprennent plus, car de leur côté ils sont encore confortés à une République unie, «une et indivisible». Tôt ou tard ils devront trancher, car l'évolution naturelle toujours plus démocratique conduit celle-ci vers plus de diversification et plus de pluralisme. Mais revenons à la Catalogne.

Aujourd'hui les responsables politiques catalans se rendent finalement compte qu'une des erreurs fondamentales du modèle d'État autonomiste espagnol de 1980 fut la formule *«cafe para todos»,* ce qui signifiait que certaines régions sans une identité forte, mais qui ne voulaient pas être écartées du processus démocratique en cours, et voulaient, elles aussi, en bénéficier, quitte à s'inventer une identité (La Rioja, une identité vinicole). La Catalogne et le Pays basque avaient été les moteurs de cette revendication, à laquelle se rajoutaient la Galice, et au dernier moment, l'Andalousie.

Dans un article de la constitution espagnole de 1978, ces quatre autonomies furent qualifiées d'historiques, mais ce n'était pas suffisant pour résoudre la contradiction de fond concernant les communautés à fort caractère national de celles qui ne l'avaient pas. Ce modèle autonomiste inégal a fonctionné avec des hauts et des bas pendant plus de 35 ans de la jeune démocratie espagnole.

Le Pays basque s'en est mieux sorti que la Catalogne grâce au système des droits historiques basques, confirmés en 1836 sous la constitution libérale, et respectés par la démocratie espagnole en 1978. Ce qui signifie que le Pays basque peut prélever lui-même l'impôt et renvoyer à l'État central que la partie convenue. Rien de semblable pour la Catalogne et les autres communautés autonomes de l'Etat qui reçoivent (ou pas) la partie qui leur correspond. L'État central décide en fonction de la conjoncture politique et des majorités aux *Cortès* et dans les parlements autonomes.

Si l'autonomie catalane connaît aujourd'hui une crise profonde, c'est à cause d'une concertation économique non respectée depuis des années (2011) par l'État central, qui a aggravé dangereusement la situation économique de la Catalogne. La *Generalitat de Catalunya* (gouvernement autonome de Catalogne) est complètement défavorisée et étranglée par l'État central conservateur de droite du Parti populaire qui, de plus, l'accuse du déficit actuel de la Catalogne. C'est ce que l'on oublie de préciser dans les médias français contrairement aux médias internationaux, surtout anglo-saxons.

La revendication de l'indépendance éclate aujourd'hui (2017-2018) avec une force inouïe. Il semble que les Catalans ne veulent plus désormais du modèle autonomiste qui a été dévoyé de son but originel, et qui est devenu un leurre ou une impasse pour le peuple catalan. Quant aux forces de la gauche catalane, qui ont perdu les dernières élections au parlement de Catalogne, elle est divisée entre partisans de l'indépendance ou de la souveraineté (ERC) et fédéralistes du PSC et de Podem/Podemos.

Cependant, pour que le fédéralisme puisse exister et fonctionner encore faut-il qu'il y ait des fédéralistes en Espagne, or aujourd'hui rien n'est moins sûr. Les socialistes catalans sont eux-mêmes perplexes et divisés entre ces deux options. Le *secteur critique* qui souhaite lui aussi devenir indépendant de Madrid, et le *secteur de la continuité,* qui veut maintenir son alliance avec le PSOE. Il faut reconnaître que c'est un débat difficile qui, en France, semble incompréhensible.

Après le refus du Premier ministre espagnol de droite Mariano Rajoy à la proposition du président catalan Artur Mas de CiU (parti de centre droit) d'une *Concertation fiscale* approuvée par le parlement catalan, il a opté pour la seule option possible et honorable, la dissolution et des élections anticipées pour le 25 novembre (non sans arrière-pensée).

Si les forces politiques favorables à l'indépendance gagnent ces élections, elles proposeront un référendum (anticonstitutionnel selon Madrid).

Des militaires à la retraite et la droite néo-franquiste se mobilisent pour briser ce mouvement populaire catalan qui, de son côté, n'aspire qu'à exprimer la liberté de son choix. Hélas du point de vue démocratique le Royaume d'Espagne n'est pas la monarchie britannique, ainsi l'Écosse aura certainement plus de chance à son référendum de 2014 (même si Cameron espère le faire échouer).

Des juristes, des constitutionnalistes et des parlementaires catalans et autres travaillent intensément à une solution démocratique et politique européenne (l'exemple pacifique de séparation et dissolution de l'ex-Tchécoslovaquie est évoqué). Ils recherchent une solution qui pourrait débloquer une situation politique qui existe en Belgique, en Italie, au Royaume-Uni et en Espagne.

Dans l'Union européenne l'on distingue deux demandes «d'indépendance» de droite provenant des Flandres et de la *Padania* (plaine du Po, au nord de l'Italie, dirigée à l'époque, par la *Lega Nord d'Umberto Bossi*) qui veulent se désolidariser de leur sud, et de deux autres demandes, plus solidaires, centristes de gauche et centristes de droite, que sont l'Écosse et la Catalogne, respectivement. Les deux premières semblent servir d'alibi ou de justificatif à la Commission européenne pour bloquer les deux autres. Les verrouillages politiques et institutionnels proviennent aussi bien des États-nations que de la Commission elle-même. Les transformations à réaliser sur ces deux plans sont réellement considérables. L'Europe Fédérale semble encore un horizon lointain.

À l'adresse des citoyens français républicains, formés et en quelque sorte centralisés par plus de deux siècles de jacobinisme exclusif, et afin de les rassurer, disons-leur que ce n'est pas l'Europe qui va se dissoudre, sous la poussée de ces peuples. Par contre, c'est bien l'Europe des États-nations qui est en cause, et qui est la cause de l'égoïsme économique qui menace ses propres fondements, et non pas les régions et les peuples qui sont, eux, certainement beaucoup plus européens et solidaires que les Etats-Nation.

XVI- Ce que les Français ne comprennent pas de la Catalogne

Barcelone, janvier 2013.

Généralement, ce que les Français ne comprennent pas de la Catalogne, concerne tout autant le système des autonomies espagnoles que l'indépendance, qui l'est encore moins pour la grande majorité d'entre eux. Les citoyens français ne peuvent pas très bien comprendre comment peut fonctionner la Catalogne ou le Pays basque, avec le système autonomiste, tout comme le fonctionnement d'un État fédéral, comme l'Allemagne.

Fin 2012, on pouvait repérer sur la presse française certaines questions importantes d'incompréhension de la situation catalane. J'en énumère quelques-unes, je ne pourrai que les survoler, car elles sont assez complexes à définir, et encore davantage à élucider, il s'agit notamment des concepts binaires: région / nation; autonomie / indépendance; fédéralisme / jacobinisme; solidarité / repli identitaire; identité et langue.

Les Français utilisent souvent le concept de région, là où Catalans, Basques et Anglo-saxons utilisent celui de nation. Dans l'hexagone, la conception jacobine de nation a tendance à en exclure tout autre peuple qui voudrait le prétendre, que ce soit la Corse ou la Bretagne. Il s'agit donc d'une opposition difficile à concilier. Pour bien comprendre ce qui se passe en Catalogne, il faudrait auparavant pouvoir abandonner une vision franco-française largement partagée et assumée. Mais, est-ce vraiment possible ?

Par contre, l'État espagnol, issu de la transition de 1978, est organisé par un système généralisé d'autonomies. De ce fait, le gouvernement autonome de la Catalogne possède de nombreux pouvoirs, sauf les pouvoirs régaliens (frontières, armée, affaires étrangères, impôts, etc.). Le parlement catalan possède un pouvoir législatif concernant son propre territoire (le contrôle de la constitutionnalité des lois votées par le parlement catalan dépend du Tribunal constitutionnel). Ce pouvoir législatif est celui que les Corses réclament pour leur territoire, et n'ont toujours pas, malgré leur Statut spécial, concédé par le gouvernement Jospin.

En Espagne, le refus du gouvernement central, d'une concertation fiscale, a provoqué la révolte des Catalans qui réclament désormais l'indépendance. C'est le résultat d'une longue injustice ou déséquilibre du mécanisme de compensation, et non pas d'une quelconque «insolidarité» des Catalans envers le reste de l'Espagne. Ce n'est pas parce que la Catalogne est considérée « riche » qu'elle ne doit pas recevoir de l'État central ce qui lui correspond. Actuellement, les graves manquements de Madrid ont conduit les Catalans à douter du système des autonomies, car l'État central l'a vidé de son contenu initial. Il est devenu de plus en plus difficile d'être partisan de l'autonomie dans un État espagnol de plus en plus centraliste. Un débat entre autonomistes, fédéralistes et indépendantistes, que les citoyens français ne connaissent pas, car en France il n'existe qu'un seul État central et jacobin, que presque personne ne conteste (il semble aller de soi). C'est d'ailleurs, à propos de l'État français et de la gauche, que Michel Rocard écrivait, en 1977, qu'il existait pour lui *deux cultures de gauche, une jacobine, étatiste et protectionniste et l'autre, décentralisatrice, régionaliste refusant les dominations étatiques.* Depuis, nous savons celle qui finit par s'imposer. La décentralisation n'a été qu'un *ersatz* de régionalisation européenne.

La crise économique, qui est souvent évoquée par la presse française, n'est pas non plus la cause centrale de la demande d'indépendance des Catalans, si bien elle peut en être un accélérateur et révélatrice. Les raisons sont bien plus profondes et historiques. Le déficit du financement de l'autonomie catalane a été finalement le déclencheur du mécontentement, car l'injustice est devenue insupportable au point que la Catalogne reçoit moins de l'État central que l'Andalousie et l'Extramadoure, sous le prétexte que la Catalogne est un pays riche. Un exemple: les autoroutes du pourtour de Madrid sont gratuites, alors que celles de Barcelone sont payantes, et ainsi de suite pour toutes les infrastructures.

Un autre argument fallacieux concerne le manque de solidarité des Catalans envers le reste de l'État. Précisons que sous le franquisme, la Catalogne a accueilli des immigrés provenant de sud péninsulaire, et plus récemment du monde entier. La Catalogne a toujours été solidaire (c'est le seul pays qui, en 2017, a organisé à Barcelone une manifestation de solidarité avec les migrants). De plus, c'est l'État central qui décide des mécanismes de rééquilibrage ou de compensation des autonomies, et non pas la Catalogne. Il n'y a pas non plus, en Catalogne de repli identitaire, mais bien une intégration des migrants, que la France pourrait envier.

La Catalogne n'a pas peur de la mondialisation, parce qu'elle a vécu dans sa chair, le refus et l'interdiction franquiste de sa propre langue et identité. Elle ne l'a pas oublié. Les Catalans ont conscience de leur identité et de leur langue, car le catalan comme toutes les langues romanes a mille ans d'histoire derrière elle. Son système scolaire permet à tous les enfants de connaître deux langues à partir de 4 ans, et de maîtriser plusieurs langues à la fin de la scolarité. Une force que d'autres grands pays voisins pourraient lui envier.

XVII- Ce que les Catalans ont du mal à comprendre des Français

Barcelone, mai 2013

Ce titre répond à celui du précédent chapitre, c'est-à-dire, ce que généralement, les Catalans ne comprennent pas, ou ont beaucoup de mal à accepter de la France. Notamment ce qui concerne leur vision jacobine et centraliste de l'État. Face à cette incompréhension, je leur réponds souvent humoristiquement que c'est à cause du fait qu'en France, il n'y a plus de fédéralisme ni de fédéralistes depuis l'année fatidique de 1793.

Pour mes compatriotes catalans, j'ajoute parfois qu'un bourbon y perdit la tête, en janvier 1793, et que le 13 juillet 1793, jacobins et montagnards, majoritairement parisiens, éliminèrent physiquement (l'on sait comment) les fédéralistes girondins et brissotins. En premier, Jacques-Pierre Brissot lui-même, mais aussi Madame Manon Roland, François Buzot, Nicolas de Condorcet, Pierre-Victurnien Vergniaud, Armand Gensonné, Jean-Baptiste Boyer-Fonfrède, Maximin Isnard, Marguerite-Élie Guadet, Charlotte Cordet (dont on se garde bien de cacher aux écoliers qui elle était réellement), Olympe de Gouges, etc.

Des personnalités girondines qui sont souvent ignorées, ou bien moins connues que des montagnards et des jacobins, comme, Honoré Gabriel, comte de Mirabeau, Georges Jacques Danton, Maximilien de Robespierre, Bertrand Barère, Antoine-Pierre Barnave, Henri Jean-Baptiste Grégoire, dit l'abbé Grégoire, Jean-Paul Marat, Jérôme Pétion, Louis Antoine de Saint-Just, Emmanuel-Joseph Sieyès, etc. Les Girondins[76] ou fédéralistes provenaient surtout des bourgeoisies illustrées (inspirées surtout par Voltaire) de la périphérie du territoire français : de Caen, de Bordeaux, de Rennes, de Marseille et de Lyon. Cette dernière ville fut assiégée par la convention du 8 août au 9 octobre 1793. D'ailleurs, lors des fêtes du bicentenaire de 1989, ce sont ces dernières dates-là qui furent rappelées à Lyon.

---

[76] Furet, F. & Ozouf, M. (dir.) (1991): *La Gironde et les Girondins*, Ed. Payot.

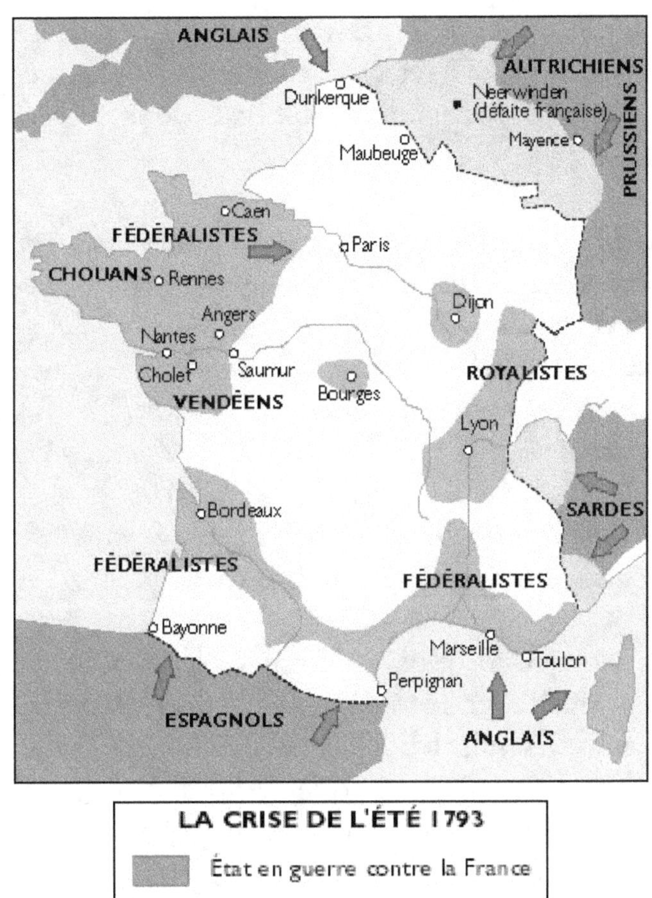

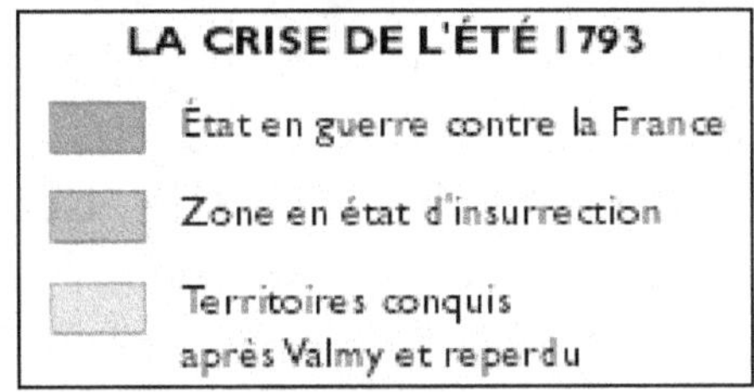

(Jean-Yves Celle : http://www.revolution-francaise.org/)

Déjà, en 1780, La Fayette des États-Unis le 17 septembre 1787 à Philadelphie, deux ans avant la Revolution française; une constitution qui allait inspirer les Girondins. Ils furent les organisateurs de la fameuse fête de la Fédération, le 14 juillet 1790, qui avait réuni les délégués de 83 départements, sur le Champ-de-Mars, mais aussi à Lyon avec les représentants des départements du sud de la France, fêtes qui réunirent toutes les forces révolutionnaires. Cependant, les historiens[77] précisent les faits suivants :

> *(...) En 1793 des sans-culottes parisiens guidés par Varlet et Roux, chefs de file des Enragés, encerclent la Convention et mettent en accusation les députés de la Gironde qui gouvernent le pays. Ils leur reprochent leur incapacité à faire face à l'invasion étrangère et les soupçonnent de préparer le retour de la monarchie. Le 2 juin 1793, les 25 députés girondins seront arrêtés et envoyés à la guillotine. À la faveur de ce Coup d'État parisien, les députés de la Montagne prendront le pouvoir et installeront la Grande Terreur.*

On ne parlera plus en France des Girondins, qui en fait étaient des fédéralistes. Depuis l'époque révolutionnaire, jusqu'à aujourd'hui, les cinq Républiques françaises ont perpétué un système politique centraliste, débuté par les jacobins en 1793. Puis, poursuivi aussi bien par Napoléon Bonaparte, durant le Consulat (1799-1804) et le Premier Empire (1804-1815), que par la IIIe République (1870-1940), le renforcement d'un système centralisé, avec la figure du préfet, représentant l'État dans tous les départements. La conception militaire de Napoléon s'accommoda parfaitement du système hérité de la Révolution et des jacobins.

---

[77] oc. Note 76

Pour sa part, la IIIe République française, grâce au colonialisme triomphal de la fin du XIXe siècle et la première moitié du XXe siècle, a pu consolider un État centralisé efficace, avec une administration et une école laïque, qui ont pu planifier et réaliser l'unité politique et linguistique de l'ensemble de la population du territoire français. Le tout, marqué par les monuments aux morts, et scélé par le sang des victimes de la Première Guerre mondiale.

Finalement, à la fin du XIXe siècle, ce que la France a parfaitement réussi, parce que les circonstances historiques lui étaient favorables, l'État espagnol n'a pas pu réussir à le faire, parce que les circonstances lui étaient tout à fait contraires. Le XIXe siècle semble donc être le point d'inflexion, pour ce qui est de la construction ou de la consolidation de ces deux États. Un succès évident de l'État français, et un échec ibérique, jamais résolu, et que l'Espagne traîne derrière elle, aujourd'hui encore.

Un autre élément significatif qui brouille la compréhension, que les Catalans ont de la pensée des citoyens français, c'est la force de leur culture, et sa tradition démocratique, qu'ils envient souvent. Si les Catalans sont fascinés par la culture et la littérature françaises, c'est peut-être parce que la culture ibérique ne leur a pas procuré autant d'admiration. Une tendance catalane, à se tourner vers le nord.

Il faut reconnaître que la culture française a toujours impressionné les grands artistes catalans, qui ont souvent préféré Paris comme capitale intellectuelle et artistique, bien plus que Londres, Rome ou Berlin. Une culture française qui a su agglutiner autour d'elle et qui a voulu devenir universelle, oubliant parfois que toutes les cultures, petites ou grandes, forment part aussi de la culture universelle.

Cette admiration pour la culture française, n'a cependant, rien à voir avec la conception centraliste de l'État français, que les Catalans ne peuvent ni comprendre ni partager. Car au nom d'une égalité, que les Catalans considèrent abstraite nous avons aujourd'hui un citoyen français très universel, mais complètement coupé de ses propres racines historiques, territoriales et linguistiques. Il lui reste encore son accent (l'accent chantant du midi que l'on folklorise à souhait), mais qui reste une trace, ou une empreinte des langues interdites et refoulées, qui rappellent parfois un substrat linguistique ancien.

Car, depuis plus de deux siècles, les citoyens français appartiennent à des départements, ayant presque toujours des noms de rivières et de montagnes, qui les ont éloignés des anciennes régions, considérées comme des provinces dites d'ancien régime. Des régions historiques ayant pourtant des noms illustres comme, l'Anjou, l'Aquitaine, l'Auvergne, l'Artois, le Béarn, le Conflent, la Franche-Comté, la Provence, la Gascogne, le Limousin, le Languedoc, la Lomagne, le Quercy, la Picardie, le Poitou, la Saintonge, etc. Certaines de ces régions historiques possédaient des langues de culture, que les troubadours provençaux ou limousins des XIIIe et XIVe siècles avaient diffusées jusqu'en Catalogne, et au-delà.

Que reste-t-il aujourd'hui de ces langues régionales? Bien peu de chose. En avril 2013, les citoyens alsaciens ont été convoqués à un référendum visant la réunification des deux départements (*Haut-Rhin et Bas-Rhin*) en un seul territoire régional, l'Alsace. Eh bien, ces mêmes citoyens alsaciens ont voté contre la réunification démontrant ainsi que, 200 ans de jacobinisme pèsent davantage que le souvenir de mille ans de culture alsacienne et germanique.

Que pouvons-nous comprendre à tout cela? On peut se demander s'il faudra attendre 200 ans pour revenir au respect de la longue histoire des peuples de France? Sans que cela ne soit un quelconque repli sur soi, mais simplement le respect de ce que l'on est, souvent confusément. Ce que nous savons c'est que les régions françaises actuelles sont pensées par de hauts fonctionnaires de l'État, qui n'ont pas tenu compte tdes habitants, ni de l'histoire, encore moins de la langue et de la culture. Les 18 régions *hexagonales* ne correspondent pas non plus à ce que l'Union européenne entend par région, certains spécialistes[78] pensent qu'il existe une vision franco-française des régions, qui a peu de choses à voir avec celle de l'Union européenne.

Le tracé régional actuel est né à la fin des années 1960 de la prétention gaullienne de rationaliser le territoire, pour diminuer le nombre de départements, une prétention qui perdure. Mais actuellement, si nous prenons comme exemple, la région des Pays de la Loire, on observe qu'elle ampute une partie de la Bretagne et qu'elle crée un territoire nouveau. Aujourd'hui, l'incorporation du département de la Loire Atlantique à la région Bretagne fait l'objet d'un débat politique passionné parce qu'au lieu d'unir, l'État a divisé et séparé.

---

[78] Michel Nicolas, *Breizh, la Bretagne revendiquée*, Skol Vreizh, Rennes, 2012, 445 pp.

Même situation en Normandie, au lieu d'une, deux régions (La Haute et la Basse-Normandie). Un référendum populaire est demandé, mais il peut se passer ce qui est arrivé en Alsace. Seule la Corse a pu réunifier son territoire.

Le cas le plus insolite est celui de la région dite PACA, acronyme de *Provence, Alpes, Côte d'Azur,* qui réunit ce qui l'a toujours été, c'est-à-dire, la *Côte d'Azur* et les Alpes de Haute-Provence qui ont toujours appartenu à la Provence historique. Quant à la région *Midi Pyrénées* et dont un terme comme l'autre, ne signifie pas grand-chose, si ce n'est la négation de l'existence historique du Languedoc (le nom d'Occitanie administrative actuelle ne correspond pas non plus à l'espace de l'Occitanie historique, qui est beaucoup plus vaste, allant de Limoges à Narbonne et de Nice à Bordeaux).

Nous n'en finirions pas de trouver des situations insolites et très regrettables pour l'économie et la culture de chaque région. Comment espérer rétablir une cohérence économique, historique, culturelle et linguistique des régions de France? Pour le moment, une seule force politique (mais relativement faible) semble proposer des solutions cohérentes, c'est *Europe Écologie Les Verts.* D'autres forces politiques jouent sur la confusion existant entre girondins et fédéralistes.

Dès lors, comment sortir de l'impasse que nous venons de décrire? Cela semble réellement difficile, tellement les mentalités ont été configurées pour croire en un territoire français unique, et continuer à nier ce que le sens commun et l'histoire ont créé durant des siècles. Face au fort centralisme de l'État français, certains spécialistes évoquent une société française bloquée.

Mais il semble que la région Bretagne soit une exception en France, et elle nous indique ce qui ressemble à une éventuelle issue. C'est un exemple insolite de ce qu'un peuple uni, travailleur et pacifique peut arracher à un État centraliste comme celui de la France, surtout quand elle combine identité régionale et économie mondiale. Le peuple breton possède une vision européenne qui semble plus pertinente que celle des autres régions de France.

La Bretagne n'est plus un territoire rural, isolé et arriéré comme par le passé. Elle a réussi à conquérir des avantages et des concessions tout au long des cinquante dernières années. Est-ce à partir des faiblesses et des contradictions de la puissante administration de l'État français? Ou bien parce qu'elle a placé des ministres au sein même de l'État ?

Nous pouvons également nous demander pourquoi les autres régions françaises (mise à part la Corse) ne s'en sont pas inspirées ? Peut-être n'ont-elles pas pu compter sur les mêmes possibilités ou bien sur ses qualités d'unité, de courage, de constance et de stratégie politique, nécessaires pour pouvoir réussir ?

XVIII- Centenaire de la naissance d'Albert Camus

Barcelone, mai 2013.

Comme le grand poète catalan, Salvador Espriu, Albert Camus est lui aussi né en 1913. Nous célébrons cette année le centenaire de ces deux grands auteurs. En Catalogne, comme partout ailleurs, ont eu lieu des cycles de conférences sur la vie et l'œuvre d'Albert Camus. Nous avons observé que c'est, encore aujourd'hui, un des écrivains du XXe siècle parmi les plus actuels. Comment expliquer ce paradoxe ? Sûrement par la singularité de son œuvre. Une œuvre dramatiquement tronquée par une mort prématurée d'Albert Camus à 46 ans.

Albert Camus s'adresse à nos contemporains, quand il pense à l'aube diffuse de notre XXIe siècle, que nous vivons, et que lui avait imaginé, malgré les critiques et les reproches provenant tout autant de la droite gaulliste que de la gauche communiste et encore stalinienne. Quand l'on compare son légat philosophique, ou son message humain, avec l'œuvre de Jean-Paul Sartre, nous notons une plus grande proximité des idées d'Albert Camus, avec les troubles et les angoisses de notre époque. Il vivait dans un monde où les grandes idéologies commençaient à vaciller, et il se fit l'écho d'un humanisme qui lui venait de ses racines méditerranéennes. Albert Camus, essayiste lutta, toute sa vie, contre toutes les idéologies du XXe siècle qui, selon lui, ont conduit aux plus grands désastres de l'humanité.

197

Fils d'un père français, gravement blessé pendant la Première Guerre mondiale (père qu'il n'a pas pu connaître, parce qu'il est mort quand Albert Camus avait à peine un an), et de Catalina Sintes, petite fille d'émigrés de Minorque (Baléares), qui fut élevée par une grand-mère analphabète, à Mondovi. Albert Camus est né dans cette ville algérienne de 50000 habitants, située près du port d'Annaba (Bône, du temps du colonialisme français), sur la côte nord-est de l'Algérie.

Nous nous sommes demandé quelle fut la relation d'Albert Camus avec la langue catalane (parlée à Minorque sous une forme dialectale), surtout par sa grand-mère, qui durant son enfance, lui parla en catalan minorquin. Ce qui signifie que, si Albert Camus ne parlait pas catalan, du moins, il devait certainement le comprendre. Une preuve fut son intérêt et sa sensibilité, lors de la traduction de certains poèmes de Joan Maragall, que Camus traduisit à 34 ans. En effet, Albert Camus qui fut éduqué par sa grand-mère, Catalina Cardona, une femme de forte personnalité, mais analphabète. Camus traduisit au français *Chant spirituel* et *Ensoleillée,* du poète catalan, Joan Maragall, poèmes qui, en 1947, furent publiés par les éditions Gallimard dans la revue littéraire *Le Cheval de Troie.* Une traduction réalisée en collaboration avec son ami écrivain catalan, Victor Alba.

Albert Camus dédia son roman posthume, *Le premier homme* à sa grand-mère, Catalina Cardona, qui n'aura jamais pu le lire, puisqu'analphabète. On trouva le manuscrit *Le premier homme* dans la voiture accidentée sur la nationale 6, à Villeblevin (Bourgogne), près d'Auxerre, le 4 janvier 1960. La voiture était conduite par son ami Michel Gallimard (neveu de l'éditeur Gaston Gallimard) et l'accident fit diverses victimes parmi lesquelles, Albert Camus, essayiste, romancier, dramaturge, journaliste de tous les combats moraux de l'après-guerre, et prix Nobel de littérature de l'année 1957.

Le premier homme est un manuscrit inachevé, un projet de livre autobiographique qui s'inspire d'un pays méditerranéen enivré par le soleil, avec de nombreuses phrases et des aphorismes qui illustrent ses pensées, les exaltations et les doutes de l'auteur. C'est le dernier livre d'Albert Camus, une œuvre surprenante et émouvante, publiée par sa fille, Catherine Camus, bien plus tard, en 1994, précisément, aux éditions Gallimard. Dans cette œuvre posthume Albert Camus narre son enfance de *«pied-noir»*. Dans le livre, Jacques Cormery sera son alter ego, un homme de 40 ans qui retourne dans son pays d'origine, à la recherche de son enfance, celle d'avant la Seconde Guerre mondiale. Il y retrouve sa mère, une femme encore belle. Il nous montre l'univers familier d'Albert Camus avec l'odyssée temporelle et sentimentale de l'écrivain grâce au travail précis de sa propre mémoire. L'importance des femmes de son entourage et de son éducation, puis le rôle de l'école laïque française d'Algérie dans sa formation seront les bases qui, plus tard, lui permettront la découverte et l'interprétation du monde.

Au-delà, et surtout contre les grandes idéologies du XXe siècle, Albert Camus nous propose une prise de conscience de l'absurdité de la condition humaine, mais en même temps la révolte contre cette même absurdité. Une révolte qui le conduit à l'action et confère un sens à son existence. Il connaît les limites de l'intransigeance de la mesure quand il critique le dogmatisme et les extrémismes.

L'auteur du *Mythe de Sisyphe* (1942), dans lequel il nous dit qu'il suffit d'imaginer un Sisyphe heureux, et de *L'homme révolté* (1951) qui propose une conception positive de la vie constituée par la beauté de l'existence des plus humbles, qu'il avait connue, depuis ses propres origines, tout en fuyant les tendances nihilistes et les idéologies destructrices. Toujours fidèle au caractère humain, la pensée de Camus s'incline pour une sorte de Prométhée radical et lumineux, qui l'aide à éviter les précipices des idéologies totalitaires.

Il proclama à Stockholm: «*Chaque génération croit qu'elle peut refaire le monde, la mienne sait qu'elle ne le refera pas, elle tâchera simplement qu'il ne se défasse*». Ce sont les paroles du prix Nobel de littérature de 1957. Des paroles et une attitude avec laquelle la jeunesse du monde pourrait, encore aujourd'hui, s'inspirer. Rappelons l'action d'Albert Camus comme journaliste engagé dans le journal *Combat* (un journal clandestin de 1941 à 1944, qui fut publié jusqu'en 1974). *Combat*, naquit durant la Résistance, il bénéficia de signatures prestigieuses, comme celles de, Jean-Paul Sartre, André Malraux, Emmanuel Mounier et Raymond Aron, et il devint une référence de la presse d'après-guerre. Les positions de Camus dans le journal *Combat,* autant sur la guerre d'Algérie, qu'à propos de ses controverses avec le Parti communiste français, étaient connues et critiquées. Camus, qui avait été membre du Parti communiste algérien durant deux ans, de 1935 à 1937, entra en dissidence, surtout parce qu'il ne pouvait pas supporter les inégalités et la misère à laquelle étaient soumis les musulmans d'Algérie. C'était un témoin de son temps, qui ne fuyait aucun combat pour la liberté et la dignité. Il fut toujours solidaire des opprimés et des vaincus, qu'ils fussent colonisés nord-africains, ou antifascistes républicains espagnols (à ce propos, il démissionna de l'UNESCO quand l'Espagne franquiste fut admise, en 1952, Pablo Casals lui écrivit pour le féliciter), comme pour les victimes du stalinisme. Albert Camus fut, et sera, sans doute, une des consciences morales de son siècle, et au-delà.

Je souhaite rapporter un souvenir personnel qui a trait avec le premier roman d'Albert Camus, *L'Étranger*, publié par Gallimard en 1942. En effet, j'ai été coopérant du premier gouvernement algérien de Ben Bella entre 1963 et 1965[79]. Pendant trois étés j'ai passé mes vacances sur la fameuse plage de Tipasa, à propos de laquelle Camus avait écrit un essai en 1939, *Les Noces à Tipasa*. Je supposais donc qu'Albert Camus appréciait spécialement cette petite ville méditerranéenne. Ce n'est pas surprenant, car Tipasa avait été une belle cité phénicienne, carthaginoise, puis romaine, elle possédait encore une très belle double colonnade qui conduisait majestueusement vers la mer, avec un panorama impressionnant, et une vue imprenable, à gauche, sur les montagnes de Cherchell, et à droite sur une grande plage, où les colons français avaient édifié des cabanons sur pilotis pour leurs vacances estivales. Tout comme Masson et son ami invité, Meursault, le personnage central de *L'Étranger*, j'avais moi aussi loué un de ces cabanons. Je me souviens de la scène que Camus situait sur cette plage, il campait un individu qui allait commettre l'irréparable, un crime totalement absurde. Le soleil écrasant était le même sur cette même plage, à moitié déserte. Je crois que tout cela m'avait laissé rêveur et perplexe.

---

[79] G. Puig-Moreno: *Fils de l'exil*, Éditions de L'Harmattan, Paris, 2016, pp.108-109

Je ne veux pas terminer sans ajouter qu'au-delà de l'absurdité, et peut-être à cause d'elle, Albert Camus fut un homme qui aimait la vie, qui croyait en l'action, à la solidarité entre les hommes et à la révolte contre toutes les injustices. Il s'engagea dans tous les combats des opprimés. Nous nous souviendrons d'Albert Camus parce qu'il soutenait les valeurs de l'humanisme. Pour s'en convaincre, on peut d'ailleurs le lire sur ces dernières phrases écrites par Albert Camus fin 1959, dans son livre posthume : Le premier homme[80].

> *«Donnez toute la terre aux pauvres, à ceux qui n'ont rien et qui sont si pauvres qu'ils n'ont même jamais désiré avoir et posséder, à ceux qui sont comme elle* (sa mère) *dans ce pays, l'immense troupe des misérables, la plupart Arabes, et quelques-uns Français et qui vivent et survivent ici par obstination et endurance, dans le seul honneur qui vaille au monde, celui des pauvres, donnez-leur la terre comme on donne ce qui est sacré à ceux qui sont sacrés, et moi alors, pauvre à nouveau et enfin, jeté dans le pire exil à la pointe du monde, je sourirai et mourrai content, sachant que sont enfin réunis sous le soleil de ma naissance la terre que j'ai tant aimée et ceux et celle* (sa mère) *que j'ai révérés».*

---

[80] Camus, A. (1994): *Le premier homme*, (publié par sa fille) aux Ed. Gallimard, Paris.

XIX- Débat en Catalogne sur les notions d'État et de Nation

Barcelone, septembre 2015

> *«Une nation ne peut être qu'au prix de se chercher elle-même sans fin, de se transformer dans le sens de son évolution, de s'opposer à autrui sans défaillance, de s'identifier au meilleur, à l'essentiel de soi (...). Se reconnaître à mille tests, croyances, discours, vaste inconscient sans rivages, obscures confluences, idéologies, mythes, fantasmes ..."*
>
> Fernand Braudel, *L'identité de la France.*

Dans le contexte de 2015, et des élections au parlement de Catalogne, que l'on dit décisives pour son futur, surtout pour celui de l'État espagnol, et au-delà des résultats, il est semble nécessaire de comprendre ce que les uns et les autres entendent par État et par Nation, car il y a toujours une grande confusion sur ces deux termes clé. Il est certain qu'il y a autant de nations et d'états qu'il y a de pays dans le monde. Et tout dépend de la définition que nous donnons à l'un et à l'autre. Souvent, ici commencent les difficultés et les confusions. Si je les présente aussi simplement c'est, il est vrai, pour m'assurer moi-même du sens de ces deux concepts. Commençons par nous référer aux conceptions de base de certains auteurs.

Qu'est-ce qu'un État?

Traditionnellement, l'État est à la fois une réalité historique et une construction théorique. Dans ses contributions à «La théorie générale de l'État» de 1921, le juriste Carré de Malberg[81] le définissait comme une *« communauté d'individus, d'un territoire déterminé qui possède une organisation ayant une énorme puissance d'action, de commandement et de coercition »*. Il souligne ainsi le double sens de la notion d'État, qui correspond à une modalité d'organisation sociale territoriale bien définie et un ensemble d'institutions caractérisées par le monopole de la promulgation de lois et l'utilisation de la force publique pour pouvoir les appliquer. Si l'on considère l'aspect juridique, l'exercice de la souveraineté est la fonction principale de l'État de laquelle dépendent tous les autres pouvoirs, régaliens ou pas.

Ce qui signifie qu'à l'intérieur de son territoire, l'État dispose de la totalité des compétences. Quand cette souveraineté est exercée par un seul corps institutionnel, il s'agit alors d'un État unitaire plus ou moins centralisé (par exemple, la France). Par contre, quand cette souveraineté est partagée par plusieurs corps ou organismes regroupés sous un même ensemble, il s'agit dans ce cas d'un État fédéral (ex. les Estats-Units, le Canada, ou l'Allemagne et beaucoup d'autres grands pays). L'État dispose presque toujours d'une force militaire qui a un rôle essentiel sur la scène internationale, qui lui permet d'établir des accords et des conventions avec d'autres États (les Catalans, à l'instar d'autres petits pays, préfèrent se passer d'une armée). De plus, ses institutions sont caractérisées par l'exercice de

---

[81] Carré de Malberg (1921): *Contributions à la théorie générale de l'État.* Ed. Dalloz, Paris.

certaines fonctions sociales et administratives bien plus importantes, qui supposent pouvoir disposer de ressources propres, que l'État perçoit, entre autres grâce aux impôts.

Avant d'aborder la question de ce qu'est une nation, constatons que si les attributs de l'État sont très souvent très concrets et matériels, par contre, nous allons voir que le concept de nation est lui beaucoup plus abstrait et immatériel, il revoie généralement à des idées politiques ou pas, et très souvent aussi à des sentiments et des adhésions plus ou moins rationnelles (le nationalisme), qui vont se matérialiser par des attitudes différentes selon les individus et les groupes socioculturels.

Qu'est-ce qu'une nation?

Pour ce qui est du concept de nation, l'historien et philologue français Ernest Renan (1823-1892) s'est positionné contre la vision allemande de la nation dans le contexte de la défaite française de Sedan de 1870. Pour Renan, la nation repose, d'un côté, sur le légat du passé, et de l'autre, sur la volonté de perpétuer ce même passé.

«Une nation est une âme, un principe spirituel (...). La première réside dans le passé, le second dans le présent. L'une est la possession en commun d'un riche héritage de souvenirs; l'autre est le consentement toujours présent, le désir de vivre ensemble, la volonté de continuer à faire vivre cet héritage commun».

Cette formulation deviendra le fondement de la conception française de la nation, à partir de la seconde moitié du XIX siècle. Elle est basée sur la volonté d'un peuple de constituer une nation, en opposition à la conception allemande, quant à elle bien plus anthropologique ou essentialiste (fondée sur la culture, la langue, la religion (et parfois même la race, selon les concepts typiques du XIXe siècle). Mais de son côté, Ernest Renan[82] ajoutait :

> *«L'homme n'est pas esclave de sa race, ni de sa langue, ni de sa religion, ni du cours de ses rivières, ni de la direction de ses montagnes. Une grande agrégation d'hommes libres crée une conscience morale que l'on nomme une nation».* Et il concluait la trentaine de pages de sa conférence avec cette phrase prophétique: *Les nations ne sont pas quelque chose d'éternel. Elles ont commencé, elles finiront.*

Nous retiendrons cette conception de nation d'Ernest Renan, tout en sachant qu'il y en existe beaucoup d'autres, qui souvent peuvent la contredire.

Une nation attractive et enthousiasmante ?

Au-delà du désir du vivre ensemble d'Ernest Renan, il faudrait ajouter que, pour qu'une nation existe, et que ses citoyens sentent réellement ce désir, il faudrait qu'en plus, elle puisse leur offrir une vision enthousiasmante du futur. Dans le cas de la nation française, la Révolution de 1789 et Les Droits de l'Homme et du Citoyen ont représenté et illustré cette vision attractive et mobilisatrice. En France, où l'État, d'origine monarchique précédait la nation moderne, née avec la Révolution.

---

[82] Ernest Renan (1823-1892) : *Qu'est-ce qu'une nation ? Conférence prononcée à la Sorbonne en 1882.*

Pour ce qui est de l'Italie, le *Risorgimento* (1848-1849) annonçait avec brio la création de la nouvelle nation italienne qui coïncidait avec un nouvel État. Pour le Royaume-Uni il faudrait revoir l'origine de chacune des quatre nations que le composent (Angleterre, Écosse, Pays de Galles et Irlande de Nord) pour découvrir les motivations de chacune de ces nations (nous ne pouvons pas le faire ici), mais, en tout cas, l'ensemble des quatre nations qui constitue le Royaume-Uni, forment une sorte d'État plurinational, qui fut la première puissance coloniale au début du XIXe siècle.

Par contre, la formation de l'État et l'unité de la nation allemande furent beaucoup plus problématiques (et c'est peu dire). Dès la Révolution de 1848, il exista un premier parlement allemand à Frankfort. Puis, en 1871, après la victoire sur la France, le chancelier Otto von Bismarck (1815-1898) fonda le Second Reich, qui réunissait les différents royaumes et États allemands autour de la Prusse. Cette unification se faisait à partir d'un patrimoine culturel, inspiré par la *Kulturkampf* (combat culturel). Débuta alors le développement simultané de l'État et de la nation allemande, du point de vue économique, industriel, politique et aussi militaire. Mais le futur de la nation allemande, et celui du IIIe Reich, à partir de 1933, passera de l'enthousiasme (inconscient), au cauchemar, au désastre et à son anéantissement, en 1945.

L'idée de la nation comme celle de l'État furent durement critiquées durant les XIXe et XXe siècles par les marxistes et les révolutionnaires partisans de la lutte des classes. Pour eux, aussi bien l'État que la nation occultaient les conflits d'intérêts qui opposent les classes sociales. L'égalité prétendue des droits démocratiques dans le cadre national occultait totalement l'inégalité existant entre, d'un côté, la classe ouvrière et, de l'autre, les détenteurs du capital. C'est la raison pour laquelle le mouvement révolutionnaire a construit un projet internationaliste, qui visait la suppression des classes sociales, tout comme celle de l'État.

Qu'est-ce qu'un État-nation ?

Étant donné que le mouvement révolutionnaire n'a pas pu éliminer les États ni les nations, et encore moins les États-nations, essayons maintenant de clarifier cette réunion ou alliance. La France en est encore l'exemple classique, parce qu'en elle y coïncide une longue structuration de l'État réalisée par les différentes dynasties monarchiques, puis l'agrégation et l'irruption théâtrale de la Nation moderne durant la Révolution.

Les spécialistes définissent l'État-nation, comme un État qui coïncide avec une nation existant sur un même territoire et en fonction d'une identité commune et d'une population qui, en principe, la légitime. L'État-nation est un concept et une réalité politique dans lequel conflue une notion d'ordre historique et juridique (l'État) et une notion d'ordre sociologique et identitaire (la nation). Sa légitimité historique provient des citoyens qui vont décider de former une communauté politique et culturelle, surtout à partir du XIXe siècle. Il y a deux possibilités de création d'un État-nation : ou bien l'État préexiste à la nation (c'est le cas de la France, mais pas de l'Allemagne), ou bien, les citoyens qui se reconnaissent dans une même nation, manifestent la volonté de vivre ensemble, en se dotant d'un nouvel État.

L'UNESCO[83] précise:

«L'État-nation est un territoire dans lequel les frontières culturelles se confondent avec les frontières politiques. L'idéal de l'État-nation serait un État qui incorpore les personnes d'un même fond ethnique et culturel, bien que la majorité des États sont multiethniques et multiculturels. L'État-nation idéal existerait si la presque totalité de ses membres appartenait à une seule nation organisée en un seul État, sans autres communautés nationales. Mais cela est un cas inexistant. La nation telle qu'elle est conçue aujourd'hui est un produit du XIXe siècle. Actuellement, la nation est reconnue comme une communauté politique qui assure la légitimité d'un État sur un territoire, et qui le transforme en un État de tous les citoyens. La notion d'État-nation insiste sur cette nouvelle alliance entre nation et État».

Définitions à part, il ne faut pas oublier que les grands États-nations issus du XIXe siècle ont souvent nié, refusé, écrasé et assimilé les petites nations, qui sont devenues des nations sans État. En 1848, le philosophe marxiste, Freidrich Engels[84] le commentait ainsi: *«Partout en Europe, il n'y a aucune grande puissance qui n'ait pas annexé d'autres nations».*

---

[83] *Définition de l'Etat-nation* (1996). Collection Sciences Sociales. Publications de l'Unesco. Paris.
[84] Freidrich Engels (1848): *Discours sur la Pologne* (Cité par Maiwen Raynaudon-Kerzerho dans Bretons n° 110, pp. 30-33, juin 2015. Vannes).

États et nations de notre entourage

Opposons maintenant les différents types d'États et de nations, les plus proches de la Catalogne, et ceci afin de mieux cerner sa propre spécificité nationale. Référons-nous aux exemples français et espagnols, pour les opposer, mais aussi ceux du Royaume-Uni, de l'Italie et de l'Allemagne, afin de considérer d'autres perspectives nationales et d'État. Comme nous le soulignons souvent, la France est le modèle typique d'État-nation parce qu'il réunit l'ensemble de caractéristiques historiques qui ont favorisé sa constitution depuis le fond des siècles jusqu'à nos jours, comme dirait l'historien Fernand Braudel.

La création de l'État depuis la première dynastie capétienne (960-996), et son renforcement par les différentes monarchies françaises à travers les huit siècles d'histoire, puis sa consolidation finale réalisée par les cinq Républiques, constituent une continuité. La Révolution et la IIIe République ont fini par configurer un État moderne. Un État qui a conforté aussi la jeune nation française, avec au départ, des projets révolutionnaires, puis au XIXe siècle des conquêtes coloniales considérables, moins brillantes, qui ont mobilisé une masse énorme de citoyens.

La participation de la France, lors des deux Guerres mondiales, lui a conféré une unité durement acquise. Une unité qui ne s'est pas faite facilement, des peuples ont été écrasés par les guerres, puis ils ont été soumis. Beaucoup de sang a été versé pour sceller cette unité. Les monuments aux morts de chaque ville et village de France en sont autant de témoignages visibles.

Rien de semblable en ce qui concerne l'État espagnol, même lorsque la couronne d'Aragon-Catalogne s'unit à celle de Castille-Léon à Grenade, en 1492. Les deux États fonctionneront séparément jusqu'en 1714. Ensuite, si l'État monarchique et absolutiste s'est maintenu avec d'énormes difficultés jusqu'au XIXe siècle, ce sera au prix d'une perte de prestige de l'État espagnol, et d'une grave décadence matérielle et morale avec, entre autres, la perte des deux dernières colonies, Les Philippines et Cuba, en 1898.

Chaque règne, dynastie et embryon d'État dans la péninsule ont connu des débuts et une évolution différents: un des premiers, celui du royaume des Asturies, en 718, et la victoire de Covadonga contre les musulmans, en 722; celui de la dynastie des comtes de Barcelone, initiée par Guifré le pileux, en 897, qui regroupa divers comtés, et puis celui de l'union des royaumes de Castille et de Léon, en 1037. Par la suite, les reconquêtes chrétiennes, sur les musulmans, qui s'étalèrent sur trois, cinq ou huit siècles selon les territoires péninsulaires concernés : Portugal, Catalogne, Valence ou Andalousie, ont été profondément marqués par les caractéristiques culturelles et linguistiques de chacun des trois futurs États. Le Portugal à l'ouest, le long de la côte atlantique, la Catalogne-Aragon à l'est, sur la côte méditerranéenne, et Castille-Léon au centre de la péninsule ibérique.

Existe-t-il une nation espagnole? Et, si elle existe, comment est-elle?

La fin du XIXe siècle fut la période la plus dramatique pour l'État espagnol parce que, contrairement à la France, il ne réussit pas le passage à la modernité. Son passé colonial et impérialiste est un obstacle qui empêche les transformations nécessaires, que les autres pays européens ont réalisées dés la fin du XVIIIe siècle. De nouveaux États centre européens apparaissent sur les ruines de l'Empire austro-hongrois, puis de l'Empire ottoman. De son côté, la périphérie de l'État français est intégrée et assimilée à la IIIe République, moderne et unificatrice; contrairement à la périphérie de l'État espagnol qui était totalement abandonnée. La publication en 1921 du livre *Espagne invertébrée*, du philosophe et essayiste José Ortega y Gasset[85] l'illustre parfaitement.

Cependant, une partie de la périphérie ibérique refusa la décadence, La Catalogne et le Pays basque s'industrialisèrent sans le concours de l'État. Alors que l'État français disposait des moyens économiques pour sa politique nationale, par contre, l'État espagnol avait tout perdu. C'était un État qui se trouvait dans une situation désastreuse, incapable de générer l'élan nécessaire pour la création d'un pays moderne et démocratique. C'était même le contraire, une monarchie rétrograde qui niait les velléités de liberté et de modernisation, que ce soit celle de la génération fédéraliste du catalan Francisco Pi i Margall (1873-1874), ou celle du *regeracionismo* de la génération littéraire progressiste de 1898, tout comme celle du modernisme de 1927, et de la seconde République espagnole de 1931. Les citoyens de la faible et triste nation espagnole n'ont jamais connu l'illusion d'une Révolution ou d'un printemps des peuples européens de 1848.

---

[85] Ortega y Gasset, J. (1921): *España invertebrada.* Revista de Occidente. Madrid (reed. Ediciones Alianza, 2009, Madrid.

C'est pour cela même que nous nous demandons si une version moderne de la nation espagnole a vraiment existé, à un moment ou un autre, si ce n'est, sous la forme de dictatures, d'abord celle de Primo de Ribera (1923-1930), puis celle de Franco (1939-1975). En 1952, le dirigeant du PSUC, Joan Comorera[86] affirmait, quant à lui, dans le journal clandestin *Treball*: *«Espanya no és una nació»* (L'Espagne n'est pas une nation).

---

[86] L'article de Joan Comorera de 1952 a été reproduit par le journal ARA, du 17 octobre 2013. *« L'Espagne est un État multinational monopolisé par un parti fasciste qui imposa un régime de colonisation aux nations faibles. L'unité nationale des rois catholiques est une légende. Ce sont deux rois féodaux qui se marièrent et pas deux peuples. En ces temps-là, les seigneurs féodaux étaient tout, et les peuples n'étaient rien. Avec l'argent du royaume de Catalogne-Aragon, Colomb organisa l'expédition et découvrit le Nouveau Monde au nom d'Isabelle, reine de Castille, et de la galanterie de Fernand, roi de Catalogne-Aragon. Isabelle interdit aux Catalans de droit de commerce, de navigation et d'émigration. [...] Dans l'histoire domestique espagnole, Fernand, est un sujet flou, un prince "consort", il n'est pas l'égal d'un roi, il disparait à la mort d'Isabelle [...] L'Espagne est un nom qui, abstraction faite de l'État, ne dit rien, et n'est rien. Par contre, il existe des réalités historiques, comme la Castille, la Catalogne, le Pays basque, la Galice, Valence et les Baléares, l'Aragon et l'Andalousie. Les nations et les régions qui constituent, indépendemment de leur volonté, l'État espagnol, l'Espagne. Voilà pourquoi, avant d'être espagnols, nous sommes catalans, par nature. Nous ne sommes espagnols que par coaction. Et comme la Nation est supérieure à l'État, cet instrument de la classe dominante disparaîtra dans l'évolution d'une civilisation sans classes, précisément quand la Nation atteindra sa maturité [...] Les Catalans, nous sommes, donc, absolument incompatibles avec le régime fasciste de Franco et de n'importe quel État futur qui ne respecterait pas l'exercice inaliénable du droit d'autodétermination ».*

Et la Catalogne, quelle nation est-elle?

Pour ce qui est de la conception de la nation catalane, nous allons tout d'abord nous référer à *La nacionalitat catalana* (la nationalité catalane) de Prat de la Riba (1870-1917). Car dans cette œuvre Prat réussit un consensus national entre, d'un côté, le style conservateur de José Torras i Bages (1846-1916) et, de l'autre, le progressisme de Valentí Almirall (1841-1904), dans un moment historique d'unité du catalanisme politique. De plus, 1906 fut une année décisive pour cette avancée, parce qu'en octobre le *Primer Congrés Internacional de la Llengua Catalana*, avait lieu. Il formula un projet moderne de la norme de la langue catalane. À partir de cette date, la langue deviendrait l'axe central de la définition de la nation catalane. Prat de la Riba s'inspira du modèle français pour réunir le passé et la tradition (de Torras) avec la vision de futur du fait social (d'Almirall). Au-delà de son projet utopique de *l'ibérisme* (typique de l'époque), la référence a Prat est intéressante parce qu'il insiste sur ce qui unit les Catalans, et nous pouvons l'apprécier lorsqu'il écrit: *«La Catalogne sera moderne ou ne sera pas»*. Une préoccupation pour son futur comme peuple et comme nation.

Il peut paraître surprenant que les Catalans commémorent certaines défaites i les transforment en actes patriotiques (celle de 1714 et celle 1939). S'agit-il de la célèbre formule du président martyr Lluis Companys (arrêté le 13 août 1940 à La Baule, par des agents de la Gestapo, livré à Franco et fusillé le 15 octobre 1940, à la forteresse Montjuich de Barcelone), quand il proclama: *«Tornarem a lluitar, tornarem a patir, tornarem a vèncer»*. (Nous lutterons, nous souffrirons, mais nous vaincrons).

Retenons l'effort et la constance. Car ce sont des valeurs que les Catalans ont utilisées, tout au long de leur histoire. Des valeurs qui rejoignent celles du *pactisme,* énoncé par l'historien, Jaume Vicens i Vives[87], et que le président de la *Généralité,* Jordi Pujol, a pratiqué de 1980 à 2003, avec des gouvernements de droite et de gauche de Madrid. Aujourd'hui, la conception nationale des indépendantistes (ERC et PdeCat), évite une approche ethnique, ils pensent à un nationalisme civique, d'inclusion sociale et d'ouverture culturelle, sans la création d'ennemis extérieurs (malheureusement, ils existent).

Quelles sont les perspectives actuelles?

La situation actuelle de crispation politique n'est pas la meilleure pour pouvoir trouver une solution équilibrée et cohérente. L'autonomisme a donné tout ce qu'il pouvait offrir dans le contexte de la fin du franquisme et des 40 années qui ont suivi. L'Espagne des autonomies était une forme nouvelle d'État relative, que de nombreuses nations sans État, comme la Bretagne ou la Corse, envient aux Catalans.

Cette Espagne des autonomies aurait pu fonctionner bien mieux (sans autant de *«café pour tous»),* et si l'État central ne s'était pas dédié à autant de limitations et de blocages institutionnels, et si en contrepartie, il avait renforcé l'autonomie avec l'esprit de la construction réelle et progressive d'un État multinational équilibré, mais malheureusement ce ne fut pas le cas, bien au contraire.

---

[87] Jaume Vicens i Vives (1954): *Noticia de Catalunya.* Edicions Destino. Barcelona

Aujourd'hui nous nous trouvons à la croisée des chemins, avec la nécessité de trouver une issue. Le catalanisme politique et le nationalisme catalan proposent deux voies qui, ne sont pas assez débattues. Selon les sondages, la première propose le *«Droit à décider»*, et regroupe environ 80% de la population, tandis que la seconde *«l'indépendance»* représente 50%. Ainsi, la première recueille un plus large consensus, mais jusqu'à maintenant cette voie n'a pas été possible. La première option implique une forme d'État fédéral, et la seconde propose l'indépendance et *Les Cortés* espagnoles refusent encore la tenue d'un référendum, parce qu'il ne figure pas dans la Constitution espagnole de 1978.

Tôt ou tard il faudra bien modifier la constitution, afin que cette épineuse question puisse être tranchée. Observons que la constitution espagnole date de 1978, et qu'elle est passablement anachronique. Le Parti populaire dénonça le Statut de la Catalogne, qui avait été approuvé par les Catalans et par *Les Cortés* de Madrid, en 2006, puis en 2010, le *Tribunal constitutionnel,* à la demande du Parti populaire, a débouté le Statut catalan (alors commence réellement le mouvement indépendantiste). Huit ans après, l'unique solution retenue est celle de l'indépendance, et bien que les résultats de la dernière consultation électorale de 2015 soient très ajustés, il faut accepter le résultat des urnes.

De mon côté, j'ai toujours cru que l'on pouvait être catalan, sans être nécessairement nationaliste. La nation catalane existe, c'est une réalité tangible, au-delà des nationalistes eux-mêmes, de plus, je suis convaincu que la nation catalane n'a pas besoin des nationalistes pour continuer à exister.

Je suis sûr que la grande majorité des Catalans veulent participer à la construction d'un État souverain, démocratique, moderne, pluraliste qui puisse garantir les politiques de services publics de bien-être social, tout en développant des relations solidaires avec les autres peuples et nations de notre entourage, en premier, celles et ceux d'une *Espagne nation de nations* (la formule ne m'appartient pas, mais elle commence à se diffuser), d'un État espagnol plurinational. Ce serait l'idéal, mais nous en sommes encore très loin.

Pour que la Catalogne puisse être une idée de futur réellement enthousiasmante, il faut que ce soit un projet unitaire, démocratique, moderne, progressiste, solidaire et ouvert sur le monde. Comme disait Enric Prat de Riba[88], il y a un peu plus de cent ans :

«La Catalogne sera moderne, ou elle ne sera pas».

---

[88] Prat de la Riba, E. (1906) *La nacionalitat catalana*, Ed de l'Anuari de l'Exportació. Barcelona

XX- Mon passage par le Perthus, un jour de février 1939

Lettre publiée par le Mémorial de Rivesaltes, avril 2015

Partir ou être arraché de mon village natal, Rocafort au pied de la belle montagne de Montserrat, près de Manresa, au cœur de la Catalogne, jeté sur routes terrifiantes de l'exil, et fuir je ne sais comment, ni où, ni pourquoi, vers le nord, j'imagine par Granollers, Gérone et Figuères. Traverser la frontière avec mes parents et une multitude de gens harassés et complètement défaits, par le col du Perthus, par un jour de soleil froid et lumineux, un jour de début février 1939, et ne me souvenir de rien…

C'est tellement étrange, ne pas me rappeler la soudaine et brutale séparation d'avec mon père, sans nul doute encadré par des gendarmes français et emmené, avec un groupe d'hommes, désarmés et regroupés, vers le camp d'internement ou de concentration situé sur la longue plage d'Argelès-sur-Mer, non loin du Perthus.

Et nous, les enfants et les femmes, contrôlés, séparés et expédiés vers des refuges situés au nord de la France. Qui nous avait séparés et pourquoi? Certainement nous ont-ils fait monter dans des camions militaires, puis dans des wagons à bestiaux par train spécial, peut-être en gare d'Argelès-sur-Mer ou peut-être celle du Boulou ou de Perpignan? Je ne sais pas. Rien, je ne me souviens de rien… En tout cas, nous, c'est sûr, je l'ai su bien plus tard, ils nous ont transportés vers le nord-est de la France par train en partance pour Épinal (dans les Vosges, comme on dit). Mais je resterais des années sans me souvenir de ces instants étranges, incompréhensibles et assez douloureux à vivre pour un enfant de cinq ans...

Une amnésie totale, énorme et durable. Comme un trou noir temporel sans fond dans ma mémoire enfantine. C'est très étrange, car, par contre, je me souviens assez bien de certains flashs de mémoire, à trois ou quatre ans, vécus dans la maison paternelle de Rocafort. Mais, comment est-il possible que, deux ou trois ans plus tard, entre cinq et six ans, je ne me souvienne plus de rien, d'absolument rien, comme si l'amnésie était reliée au drame que voyait défiler devant lui, effaré, un enfant de la *«retirada»* ou exode républicaine, sur les routes dures et étranges de l'exil, de tous les exils, car celui-ci en annonçait bien d'autres.

Nous avons tous en mémoire les images dramatiques et souvent insoutenables de ce capharnaüm apocalyptique, avec des véhicules et des gens de toutes sortes; des carrioles chargées d'objets et de meubles insolites, mais aussi de vieillards, d'enfants et de blessés. Des files interminables de réfugiés harcelées, bombardées et mitraillées en rase-mottes par des avions italiens, sur la route voisine des voies du chemin de fer de Figuères, une ville située à 30 kilomètres de la frontière avec la France. Figuères, appelée la Guernika catalane, car de nombreux bombardements italiens détruisirent ou mutilèrent plus d'un tiers des édifices de cette ville, depuis 1937.

À ces événements violents et insoutenables, s'ajoutait pour moi, le choc de la séparation. Séparation totale, de la famille, de mon père au Perthus, de mes grands-parents à Rocafort, de mes cousins et de ma maison, du paysage inoubliable de ma montagne de Montserrat. Plus que séparation, arrachement, déracinement et cassure. Un traumatisme sans paroles pour l'enfant de cinq ans. Peut-être, trop jeune, ne pouvais-je pas accepter toutes ces brutales séparations, des êtres familiers et chers, et ces sensations étranges, exceptionnelles et incompréhensibles; un enfant de cinq ans ne pouvait ou ne voulait pas du tout les intégrer et les comprendre. Pour cette même raison, elles s'estompaient automatiquement de la mémoire.

Comme disent les psychanalystes, la machine à effacer intérieure sait très bien ce qu'elle doit faire dans ces cas. C'est ainsi que le traumatisme de sidération de février 1939 sera tout d'abord refoulé, mais par la suite, il me poursuivra confusément toute la vie durant, sans que je sache en dessiner les contours précis. Il aura des conséquences invisibles et imprévisibles, tout au long de mon enfance, mon adolescence et, sans doute, ma vie d'adulte. Une blessure confuse que j'ai étouffée, et qui a peut-être voilé quelque chose d'indicible en moi, sur laquelle je n'ai su mettre aucune parole.

Janvier 1939, c'est aussi le grand poète Manuel Machado, malade et fatigué qui arrive à Collioure avec sa mère de 82 ans. Ils passèrent le 27 janvier par la gare de Cerbère, et arrivèrent à l'hôtel Quintana, où il mourut un mois plus tard, le 22 février 1939 (et sa mère Ana, trois jours après, d'une double peine, la perte de son pays et de son fils). Le poète de *Campos de Castilla*, Machado, succomba de la même mort, triste et insolite comme, 34 ans plus tard, le 23 septembre 1973, celle du grand poète chilien, Pablo Neruda, à cause du coup d'État de Pinochet, le 11 septembre 1973. Mourir d'une tristesse profonde, mourir d'une peine océanique indescriptible.

Février 1939, février 2014, 75 ans après cet énorme exode républicain, on remémore le passage ou la fuite désespérée de près de cinq cent mille personnes, par le Perthus et de nombreux autres passages de la chaîne des Pyrénées. Aujourd'hui, nous savons que ce fut également le lieu de passage des cinq présidents républicains, parmi la multitude des anonymes défaits et démoralisés. Ils passèrent par le petit village catalan de la Vajol, où ils célébrèrent leur dernier conseil, puis poursuivirent par le col de la Manrella, en direction du premier village, *Les Illes,* côté français.

Il s'agissait du président de la République espagnole, Manuel Azaña, le président de la Généralité de Catalogne, Lluis Companys, le président du gouvernement du Pays basque, José Aguirre, le président du gouvernement espagnol, Juan Negrin et du président du parlement espagnol, Diego Martinez Barrio. Les cinq présidents passèrent la nuit dans le petit hôtel du village de *Les Illes,* et encore aujourd'hui une plaque commémorative, à moitié effacée, le rappelle, elle aussi, difficilement.

Bombardements, fuites, morts, défaites, malheurs, déracinements, guerres et exils partout dans le vaste monde, totalement incompréhensibles pour un enfant. Il me faudrait beaucoup de temps pour pouvoir commencer à démêler ces questions, peut-être à mesure que je pourrais réunir et reconstruire les morceaux épars de la mémoire. L'exil qui, pour moi et d'autres, commençait avec le passage de la frontière, était marqué par les cris assourdissants des gendarmes, *«Allez, allez, vite, vite»*, et ces terribles moments étaient pour moi bien déroutants.

Rétrospectivement, le passage de cette frontière, le changement de pays et de paysage, ainsi que le poids de l'exil, auraient pour moi, et pour très longtemps, une étrange et lourde signification sans que je puisse la définir ni m'en défaire. Un poids considérable et une marque indélébile qu'encore aujourd'hui, je ne sais comment qualifier.

J'étais et je serais un fils d'exilé républicain, comme nous disions à Toulouse pendant mon adolescence, les années 50 et 60. Car, en fait, à partir de mes cinq ans j'étais déjà un exilé potentiel; plus tard, je me souviens l'avoir moi-même revendiqué. Mais, je ne savais pas que le fait d'avoir franchi la frontière du Perthus, impliquerait pour moi, un poids politique et psychologique implacable, qui me marquerait, et qu'à partir de là, d'une manière ou d'autre, j'aurais à assumer.

Après le récit de cette première étape de ma vie d'enfant et d'adolescent, j'aimerais pouvoir faire le point ou résumer la signification qu'eurent pour moi toutes ces années de jeunesse, passées à Toulouse de 1940 à 1958, avec d'un côté, ma formation culturelle, professionnelle, intellectuelle, politique, et de l'autre, mon éducation sentimentale.

Ce que j'ai voulu expliciter, au sujet de mon amnésie, ou mémoire perdue, me fait penser que, travailler sur les souvenirs est toujours un effort insolite sur soi-même, qui n'en finit jamais de reconstruire une réalité fuyante, comme l'ouvrage de ce fameux Sisyphe, plus ou moins heureux ou malheureux. Écrire sur son propre passé revient, en quelque sorte, à le modifier et le transformer, par le simple fait d'écrire sur lui. Il n'y a pas de doute que la réalité reconstruite par l'écriture est toujours moins profonde ou palpable que la réalité vécue et, en ce sens, elle peut nous paraître souvent décevante. Seuls les grands écrivains peuvent transformer la réalité vécue, et accéder à une création sublimée. Il m'est arrivé parfois de penser que Marcel Proust, et d'autres grands écrivains de la mémoire y étaient parvenus.

J'ai vécu à Toulouse des événements historiques de la Seconde Guerre mondiale, vécus presque en direct, sans, bien sûr, y participer directement, à cause de mon jeune âge. Par contre, j'ai subi les conséquences de l'exil républicain et la guerre comme enfant, comme tous les enfants qui vivent les guerres, toutes les guerres, avec des peurs et des moments curieusement excitants, qui ressemblent à de grands jeux, mais qui ne le sont pas du tout.

En tout cas, à Toulouse, j'y ai vécu mon enfance en pleine guerre, et avec cet étrange bagage sur le dos, ce traumatisme initial de l'exil à partir de 1939, qui me poursuivait d'une manière sourde et très difficile à préciser. Je devais ma formation morale et humaine surtout à un père anarchomarxiste, et à l'éducation qu'il m'avait prodigués, selon les préceptes de l'Émile de Jean-Jacques Rousseau, mais aussi à tous mes enseignants de l'école républicaine et laïque revivifiée dès 1945.

Tout au long de mon enfance toulousaine j'ai été immergé dans une ambiance languedocienne des quartiers populaires, et à la langue occitane, et j'ai toujours conservé de cette époque un sentiment d'adhésion très fort pour cette langue, tellement voisine de ma langue catalane, une langue que je comprends et que j'arrive à parler assez facilement. La construction de ma personnalité culturelle, humaine et politique, était marquée par les événements que j'avais vécus lors de ma jeunesse à Toulouse, tout comme les influences que j'avais reçues de mon entourage familial. Je ne surprendrais donc personne en annonçant que mon orientation politique pencherait plutôt à gauche.

Un fait significatif de cette construction identitaire balbutiante fut, sans doute, ma première prise de conscience sur mon engagement politique à la Jeunesse socialiste unifiée (JSU) qui déboucherait également sur une identité bilingue et biculturelle, catalane et française, et la compréhension sommaire de ce qui était arrivé à nos parents, de drame de trois ans de guerre civile et le début d'un long exil.

De cette identité bilingue d'exilé, j'en tirerai plus tard une force et une conscience, dans la mesure où précisément j'avais pu la cultiver puis l'assumer. Je m'explique. J'ai appris plus tard par l'expérience que lorsque l'on subit cette situation bilingue et biculturelle, sans trop savoir où elle nous conduit, elle peut, aussi, nous déstabiliser et devenir un handicap, si on n'arrive pas à la maîtriser.

Lettres de Rivesaltes, mai 2015

Cher Gentil,

Merci tout d'abord pour votre belle lettre, qui sera publiée par le Mémorial de Rivesaltes. Au mois d'avril dernier, nous avions parlé de cultures au pluriel, et de toutes ces idées que j'avais beaucoup appréciées. En vous lisant, je me demandais comment passer de la condition d'exil à un biculturalisme aussi riche en découvertes et en contrastes. Le désir de comprendre les autres cultures, les exilés catalans ayant été privés de leur propre identité, ils ont développé une ouverture aux autres cultures sans être, comme en France, dans l'intégration à sens unique, ou pire, dans l'assimilation.

Même si c'était difficile à assumer au début, pour vous, être à cheval entre les deux cultures n'est pas une position qui vous a affaibli, mais qui au contraire, vous a donné une vision plus critique, pour devenir finalement un passeur de culture. Votre expérience vous fait penser que la construction d'une identité bilingue ou plurielle doit être bien assumée des deux côtés, pour être heureuse. On doit savoir ce qu'il y a de bon dans les deux cultures pour pouvoir bien les vivre.

Dès vos 18 ans, vous avez commencé à construire votre identité, en passant par la culture, et l'écriture en particulier. À la force du poignet, et dans le désir de parfaire les deux langues, ne pas tomber dans un échec culturel, ou être déstructuré, faute de bien connaître les deux langues. Aujourd'hui vous êtes devenu un super-citoyen qui, comme vous me disiez avec humour, peut voter dans les deux pays qui vous sont chers. Je trouvais tout cela très émouvant. Et sûrement stimulant pour des gens qui vous liront, et partageront quelques idées et expériences de votre passionnant vécu.

Anne-Laure Boyer, responsable de l'exposition.

XXI- Hommage à un exilé, républicain catalan

Résumé de la vie de mon père
(1903-1971)

Né avec le début du siècle, mon père avait deux frères et une sœur qui eurent la possibilité de faire des études dans la ville la plus proche, Manresa, mais pas lui, parce qu'il était l'aîné, et à ce titre, il hériterait un jour lointain des terres de Rocafort, lorsque son père aurait 80 ans, et lui peut-être 60. Ce n'était pas une perspective très attrayante pour un jeune voulant savoir ce qui se cachait derrière ces étranges et belles montagnes de Montserrat. Un jeune homme qui voulait, plus que découvrir, avaler le monde. Et un beau jour, il décida de tout quitter et de s'enfuir. Je l'imagine, chaussé de ses espadrilles en sparte, son balluchon sur le dos, courant vers la gare de Manresa, située à 15 kilomètres; et de là, arriver à Sabadell, puis à Barcelone.

Ce que je savais de ses années d'enfant de chœur et d'adolescent, c'est qu'il travaillait dur aux champs et supportait l'autorité despotique du curé du village qu'il faisait souvent enrager. Ce qui, sans doute, lui avait forgé, dès son enfance, un caractère de révolté, dur et inflexible, que je lui ai connu, et dont j'ai subi quelques conséquences. Je ne sais que très peu de choses de sa jeunesse à Barcelone, sinon qu'il fréquenta les cercles anarchistes de Barcelone. Peu de mois après son arrivée à Barcelone, pourquoi et comment avait-il été choisi, puis envoyé, avec quelques autres jeunes comme lui, à un congrès international des

Jeunesses libertaires à Hilversum, en Hollande? Je n'en sais rien, mais le fait est qu'il y alla. Au passage, il s'arrêta en France où il travailla pour payer son voyage chez un propriétaire vigneron de l'Aude, qui, bien plus tard, en mai 1939, l'aiderait à sortir du camp de concentration d'Argelès-sur-Mer.

En Belgique, non plus, je ne sais pas comment ni quand il y est allé, peut-être en 1923, il avait alors 20 ans. Bien plus tard, à Toulouse, j'appris que, dans sa jeunesse, il avait connu un groupe d'intellectuels belges théorisant sur l'action directe des *anarchos-illégalistes* de la *«Bande à Bonnot»*, qui furent assaillis et massacrés par la gendarmerie à Choisy (près de Paris), quelques années auparavant, le 28 avril 1912.

La dictature Primo de Rivera et l'Argentine (1923-1929)

Après son séjour en Hollande, en Belgique et à Paris, le jeune Nonit Puig i Vila retourna à Barcelone, et fin 1923, il dût à nouveau partir cette fois-ci pour aller faire son service militaire au Maroc. Je me souviens avoir vu une carte postale adressée à ses parents, qu'il avait écrite en castillan depuis Tétouan. De cette guerre, non plus, il ne m'en a jamais parlé.

Ensuite, début 1925, il embarqua au port de Barcelone sur un cargo en partance pour Buenos Aires, où son frère Émile y était déjà, avec d'autres amis. Pendant ces années, de nombreux militants et dirigeants de la gauche républicaine catalane poursuivis par la police de la dictature de Primo de Rivera (Durruti, Moix, Ardiaca, Comorera), s'exilèrent à Buenos Aires.

Certains faits historiques ont certainement marqué mon père. À commencer par la guerre du Rif (1911 à 1927). En 1921, elle fut marquée par la déroute infligée à l'armée espagnole par le chef berbère, Abd-el-Krim. Ce désastre provoqua de nombreuses critiques aux militaires espagnols. En 1923, Primo de Rivera en profita pour faire un coup d'État et instaurer une dictature. Débutèrent alors, la clandestinité, les détentions et les exils pour les républicains et les anarchistes. Ce fut l'époque des complots, comme l'assaut à la caserne Drassanes de Barcelone, l'invasion échouée de Francesc Macià à Prats de Molló, dans le haut Vallespir, en 1926.

Le contexte de grave crise du système monarchiste avec des partis politiques traditionnels et conservateurs ne permettait pas d'envisager un régime démocratique. Le pessimisme des décennies antérieures et le sentiment de frustration du désastre de 1898 après la perte de Cuba et des Philippines, s'aggravèrent avec la guerre du Maroc. En 1927, la reddition d'Abd-el-Krim mit fin au conflit, et ce fut grâce à l'aide de l'armée française.

Mon père termina son service militaire en 1925 et ne tarda pas à partir en Argentine. Il y resta 4 années, de 1925 à 1929. Plus tard, à Toulouse, où nous étions réfugiés de 1940 à 1945, il me dit seulement, et parce que je lui posais des questions insistantes, qu'il avait été *gaucho* dans la pampa Argentine, puis chauffeur de taxi à Buenos Aires, grâce à l'aide de son frère Émile.

J'ai quelques difficultés à imaginer mon père en *gaucho*, et encore davantage en chauffeur de taxi. Mais il paraît, d'après ma cousine Berthe de Barcelone, que c'était un chauffeur de taxi très spécial, car il travaillait pour le syndicat qui organisait des grèves révolutionnaires, et son taxi – comme d'autres – servait à la diffusion des prospectus de propagande jetés par un trou dans le plancher du taxi et ainsi éparpillés dans les grandes avenues de la capitale. Cela, en effet, lui ressemblait davantage.

Dès la fin 1929, en pleine crise mondiale du capitalisme, lorsqu'il sut qu'en Espagne les événements se précipitaient, il embarqua du port de Buenos Aires, mais pour Lisbonne afin d'éviter la police de Barcelone qui était à l'affût de tous ceux qui revenaient d'Argentine. Après la démission de Primo de Rivera en janvier 1930, le pacte de *San Sebastian,* d'août 1930, unifia les forces républicaines afin d'instaurer la République et les autonomies basque et catalane.

Les élections du 14 avril 1931 donnaient la victoire aux républicains. Commençait alors la jeune II République espagnole, précédée quelques jours auparavant par la République catalane proclamée du balcon du palais de la *Generalitat* par son futur président, Francesc Macià (celui de l'invasion manquée de Prats de Molló, dans le Haut Vallespir, en France, en 1926).

Premières années de la République et question agraire.

Au moins sur ce thème, je peux affirmer que je dispose d'une référence probante puisque mon père a écrit, depuis la prison Modelo de Madrid de 1934 à 1936, un livre sur lequel je me suis basé, ayant pour titre: *"Què és la Unió de Rabassaires"* [89] (Ce qu'est l'Union de travailleurs de la terre).

---

[89] Puig i Vila, N. (1937): *Què és la Unió de Rabassaires?* Edicions Barcino. Barcelone.

À partir de 1931, mon père s'était impliqué dans le syndicat des paysans). Une loi de réforme agraire fut approuvée, en avril 1934, par le gouvernement républicain. L'objectif de la Loi était de protéger les paysans en supprimant l'ancien contrat de la *Rabassa Morta*, un bail emphytéotique, oral, par lequel un *rabassaire* pouvait travailler les vignes d'un propriétaire jusqu'à la mort des ceps, environ 40 ans. Mais à partir de la fin du XIXe siècle, à cause de la maladie du phylloxéra les contrats s'arrêtaient, et les propriétaires expulsaient les vignerons pour se lancer dans d'autres productions plus lucratives.

Le gouvernement de la *Generalitat* de Lluis Companys, voyant augmenter les conflits agraires, rédigea cette loi pour que les paysans sans terre ne soient plus expulsés et pour leur attribuer leurs propres terres. Cette réforme agraire visait à éviter la confrontation avec les secteurs conservateurs, en faisant certaines concessions. Résultat, la loi était trop modérée pour les *rabassaires*, mais trop révolutionnaire pour les propriétaires terriens. Elle fut approuvée par le Parlement catalan en 1934, mais l'*Institut Agrícola Català de Sant Isidre* (syndicat des propriétaires terriens) s'y opposa avec *La Lliga* (parti régionaliste catalan de droite) et tous deux présentèrent un recours au *Tribunal de Garanties Constitucionals*.

En 1932 le statut d'autonomie de la Catalogne approuvé par consensus à Núria, permit la récupération de la *Generalitat* et il fut approuvé par majorité. En septembre 1932, les *Cortès* espagnoles approuvaient le statut d'autonomie de la Catalogne. La réforme agraire espagnole, surtout en Andalousie, avait pour but de créer une couche de petits et moyens propriétaires pour en finir avec la structure féodale des *latifundia,* mais elle se heurta à l'opposition des grands propriétaires terriens.

Durant la période de 1931 à 1934, mon père organisait les *rabassaires* de Manresa et les représentait à Barcelone. D'après un ami de mon père, lui aussi *rabassaire,* que j'avais connu au *Casal Català* de Toulouse en 1956, c'était un homme de terrain, qui n'hésitait pas à affronter les armes à la main, le *Somatent.* Cette milice traditionnelle au service des propriétaires était manipulée par *l'Institut de Sant Isidre,* le syndicat des propriétaires terriens. Le *Somatent,* armé, faisait des démonstrations de force dans les villages afin d'intimider les paysans.

Mon père participa à divers affrontements. Il avait organisé des groupes de *rabassaires* décidés, installés sur les toîts des maisons qui entouraient les places; ils attendaient le *Somatent* et ouvraient le feu en l'air, afin de les faire déguerpir. Et ça marchait.

Mais cela, mon père ne me l'a jamais dit. L'ami du *Casal Català* de Toulouse qui me l'expliquait me fit également une description physique de mon père, dont je me souviens très bien. Il était souvent vêtu d'une vareuse et chaussait des bottes en cuir, il avait une barbe noire bien fournie et circulait sur une puissante moto. Beaucoup plus tard, un ami historien, de Manresa m'a expliqué qu'à partir de ces faits, la presse locale parla de lui et de son action, et les années suivantes certaines municipalités de la région de Manresa donnèrent le nom de mon père à des rues, nom que les franquistes effacèrent aussitôt, en 1939.

Les événements d'octobre 1934 à Barcelone

Pendant les événements d'octobre 1934, mon père mobilisa les paysans de la région de Manresa qui arrivèrent en camions pour défendre la *Generalitat de Catalunya* avec des fusils de chasse et des tromblons! Mais, les militaires du général Batet qui occupaient la place de *Sant Jaume* les attendaient, et à mesure que les camions arrivaient, ils étaient arrêtés et détenus. Le 6 octobre fut un mouvement insurrectionnel du gouvernement de la Catalogne contre la réaction de droite du régime républicain, au moment où le président Lluís Companys proclama *«l'État catalan de la République fédérale espagnole»*.

Le général Batet, qui recevait des ordres de Madrid et contrôlait la situation, attendait la reddition du président. Frederic Escofet, capitaine des *Mossos d'Esquadra* (police catalane) résista en ralliant les *Guàrdies d'Assalt* (gardes d'assaut) fidèle à la *Generalitat de Catalunya*, mais le président Lluís Companys s'y opposa et préféra se rendre. Malgré les appels radiophoniques de Josep Dencàs, la mobilisation populaire n'eut pas lieu. Le 6 octobre 1934, le président Lluís Companys communiquait sa reddition et celle de tout son gouvernement au capitaine général de Catalogne.

Le *Bieni Negre* (deux années noires) de 1934 à 1936

En octobre 1934, commencèrent alors les détentions et l'emprisonnement de nombreux dirigeants républicains et des membres de la gauche catalane. Mon père fut parmi les détenus, et il passa deux ans à la prison *Modelo* de Madrid, en compagnie du président Lluis Companys et des membres du gouvernement de la *Generalitat*, Barrera, Lluhi, Comorera, Esteve, Gassol et Mestres. Ainsi commençaient, en pleine République, les deux années noires appelées *Bienni Negre* (d'octobre 1934 à mars 1936). Cette triste période était causée par la victoire de la droite aux élections de 1933, où pour la première fois participèrent les femmes, et où les anarchistes appelèrent à ne pas voter *(Obreros, no votar!)*. Elle dura jusqu'aux élections de février 1936.

Le *Bienni negre* se caractérisa par l'annulation des acquis des deux premières années de la République, et par la détérioration du climat social et de la rébellion asturienne d'octobre 1934, réprimée par un général, nommé Franco. Comme je l'ai indiqué, de la prison de Madrid, mon père rédigea le livre sur le mouvement des travailleurs de la terre, et le président Companys lui rajouta une préface, étant donné qu'il avait été l'avocat du syndicat des paysans catalans. Le livre a été publié en 1936. Il y eut plusieurs éditions, car j'en ai découvert une qui comportait une dédicace différente de celle que je possède, en consultant le fonds Cambó, lors d'un séjour forcé en 1969, au monastère bénédictin de Montserrat.

Élections de février 1936 et victoire du Front populaire

Les élections de 1936 furent les troisièmes et dernières élections de la II République espagnole, et celles qui donnèrent une claire victoire aux partis et forces de gauche et des républicains qui composaient le Front populaire. Je n'insisterai pas sur la joie immense et les espérances que le Front populaire souleva dans toute l'Espagne, pas plus que sur les faits qui, dès lors, allaient s'enchaîner et se déchaîner, en Espagne et partout en Europe. L'Espagne allait marquer le début dramatique des années noires que connaîtraient l'Europe et le monde, dans les années quarante.

Je commenterai, à partir de quelques éléments épars dont j'ai pu disposer, ce que mon père a fait, une fois libéré de la prison de Madrid. La direction de l'*Unió de Rabassaires* lui proposa la responsabilité de rédacteur de *La Terra,* l'hebdomadaire des *Rabassaires,* puisqu'il représentait, à ce moment-là, l'aile anarchiste du mouvement agraire. L'*Unió de Rabassaires* venait d'obtenir deux députés lors des élections aux *Cortès* de Madrid. C'étaient Paul Padrò, de Tarragone, et Josep Calvet de Barcelone.

Au sujet du journal des *Rabassaires*, *La Terra*, j'ai eu un jour une grande surprise. Ce fut lorsque j'ai appris par Lucie, une de mes amies, que sa mère, Brunilda Capdevila, avait travaillé avec mon père au siège central de l'*Unió dels Rabassaires* de Barcelone. Plus surprenant encore, Brunilda Capdevila expliqua à sa fille, Lucie (avec laquelle nous militions dans une organisation clandestine en 1974, durant les dernières années du franquisme) qu'elle m'avait certainement connue, alors que j'étais tout petit enfant.

En effet, en 1936, j'avais deux ans. Peut-être que mon père m'avait emmené sur son *side-car* jusqu'au siège du journal *La Terra* à Barcelone. Un jour, paraît-il, elle me demanda comment je m'appelais, et moi, qui commençais à parler, je lui répondis, *Chanti.* Il semblait donc évident que Brunilda Capdevila, la mère de ma collègue, Lucie Nussbaum-Capdevila de l'Université Autonome de Barcelone, m'avait bel et bien connu quand je n'étais qu'un enfant de deux ans, en 1936 ! Une insolite coïncidence.

Trois années de guerre civile, et puis l'exil (1936-1939)

Des trois ans de guerre civile, mon père aurait pu me raconter des aventures et des anecdotes, mais son silence était éloquent, total et très long, 1940, 1950, je peux le comprendre, j'étais un enfant; 1960 et 1970, toujours le silence, je le comprenais moins. Par contre, ses amis du *Casal Català* de Toulouse étaient plus loquaces, et lors des fêtes ou des excursions, chacun, à sa manière, me racontait sa bataille de l'Ebre. Mais mon père, lui, pas un mot.

Je pense qu'il n'a jamais pu surmonter le traumatisme de cette terrible guerre civile, qu'il avait vécu de très près sur les fronts. Par contre, j'appréciais beaucoup, le peu de mots qu'il me disait ou que je réussissais à lui faire dire. Un jour il m'a dit qu'à partir du coup d'État du 18 juillet 1936, on lui demanda de préparer un concours pour être membre du *Cos de Seguretat de la República,* l'équivalent d'un service d'intelligence et de contre-espionnage.

Il fut sélectionné et travailla dans le contre-espionnage à la recherche d'agents fascistes infiltrés dans les rangs républicains. Il me l'expliqua lorsqu'il apprit que je faisais des voyages spéciaux en Espagne, afin de m'éviter des surprises désagréables avec la police franquiste. Il me rappela (ce que je savais déjà) que les franquistes venaient de défenestrer et de fusiller Julian Grimau (1962). Grimau était membre du Comité central du Parti communiste espagnol, mais surtout, il avait été aussi, comme lui, pendant la guerre civile, membre du service de contre-espionnage de la République, et ceux-là étaient les ennemis mortels de la *brigada político-social* franquiste.

À la fin de la guerre, en février 1939, j'ignore comment, mon père est venu nous chercher à Rocafort pour nous évacuer vers la frontière française du Perthus. Puis, à la frontière du Perthus, les gendarmes l'emmenèrent vers le camp d'Argelès et nous, femmes et enfants, on nous mettait dans des wagons, envoyés vers un refuge à Épinal dans les Vosges. Nous étions à nouveau séparés. Je termine ce bref résumé du peu que je sais de la vie de mon père.

Je suis convaincu que ce fut une vie tourmentée, mais digne, faite d'événements dramatiques, d'affrontements colossaux entre communisme et fascisme, guerres civiles et mondiales qui ont détruit tellement d'hommes et de femmes, et au cours desquels se forgèrent des destins aussi inespérés que désespérés.

Je crois être arrivé à le comprendre, même s'il a fini sa vie comme un ermite dans une maisonnette à Saint Simon, près de Toulourse-le-Mirail, cloîtré dans un silence impénétrable. La rupture d'un anévrisme l'emportera en septembre 1971, dans une fin douloureuse et tragique.

J'essaie d'expliquer l'inexplicable à propos de la dernière partie de sa vie consacrée à la lecture et à l'écriture. Je lui rends ici, comme fils, un profond hommage. À partir de maintenant, je porterai le lourd fardeau de son combat pour l'intégrité, et il vivra en moi; je perpétuerai les fils épars de sa mémoire. La mémoire de tous les combattants pour la liberté.

XXII- Élections catalanes et aux Cortès en 2015

Barcelone, octobre 2015

Les élections au parlement catalan de septembre 2015 représentent un point décisif dans le processus politique de l'État espagnol. Plus de 5 millions d'électeurs catalans ont voté pour renouveler le parlement catalan, mais en réalité, pour le gouvernement espagnol, ils ont ouvert la boîte de Pandore. Car le président de la *Généralité de Catalogne*, Artur Mas, avait donné à cette élection une importance capitale, avec une candidature qui réunissait les partis favorables à un projet indépendantiste, qualifié de quasi insurrectionnel par Madrid.

La liste *Junts pel Si* (Ensemble pour le oui) regroupait des forces politiques provenant de Convergence démocratique de Catalogne (CDC, un parti nationaliste catalan de centre droit, longtemps dirigé par le président Jordi Pujol, puis par Artur Mas), la Gauche républicaine catalane (l'ERC d'Oriol Junqueras), et des représentants du puissant mouvement de la société civile catalane (l'Assemblée nationale de Catalogne et l'Òmnium Cultural). Face à cette liste unitaire et populaire, il y a, à gauche, le PSC, (Parti Socialiste de Catalogne); *Catalunya Si que es Pot* (Catalogne, oui, on peut), l'équivalent catalan de *Podemos,* et à l'extrême gauche, les CUP (Candidatures d'Unité populaire), indépendantistes, à droite, il y a le PP (Parti populaire) formation post-franquiste, et *Ciutadans* (Citoyens) *Ciudadanos,* dans le reste de l'Espagne, une nouvelle droite moderne et jacobine, favorable à un État central fort.

Étant donné qu'un référendum comparable à celui de l'Écosse n'a pas pu avoir lieu en Espagne, la liste *Junts pel Sí* (JpS) a voulu convertir ces élections en plébiscite pour l'indépendance, alors qu'en principe, il s'agissait de renouveler le parlement autonomiste de Catalogne. La campagne n'a que très peu évoqué les thèmes économiques et sociaux, car celui de l'indépendance a mobilisé tous les partis. Pour Artur Mas, si sa liste obtenait la majorité absolue des sièges, la déclaration unilatérale d'indépendance deviendrait une réalité dans les 18 mois.

Les conditions ne semblent pas réunies, car les voix des deux listes indépendantistes atteignent 47,8% des voix. Elles ont obtenu près de 40 % des voix et 62 sièges (majorité : 68 sièges), il faudra 6 sièges des CUP (Candidatures d'Unité populaire) qui en a 10. Le président Mas, a compris que sa victoire n'était pas suffisante. Des 62 sièges de CiU en 2010, aux 50 sièges en 2012, il n'a que 30 sièges en 2015.

Artur Mas a donc restructuré le parti nationaliste de centre droit qu'était (CiU) *Convergencia i Unió*, devenant CDC (Convergence démocratique de Catalogne). La formation du prochain gouvernement catalan s'annonce difficile, car tout dépend désormais de la position de l'extrême gauche indépendantiste, les CUP.

Les commentateurs de la vie politique espagnole ont été fortement secoués par le problème catalan qui soulève des questions de fond très importantes qu'ils ne voulaient pas se poser. Il s'agit de la structure même d'un État européen, qui n'est pas sans conséquence sur d'autres États européens. La Catalogne pose la question d'un État plurinational ou fédéral, celle de la monarchie ou de la république, et celle de l'adaptation de la constitution.

Les élections générales aux Cortès de décembre 2015, auront une incidence, car de leur résultat dépendra que le processus catalan soit totalement bloqué par la droite ou relativement facilité par la gauche.

Dans le reste de l'État espagnol, c'est la fin de deux grandes formations politiques (Parti populaire et PSOE) qui alternaient au pouvoir depuis les années 1980. Désormais il y a quatre partis politiques. Deux formations de droite, le PP et *Ciudadanos*; et les deux autres de gauche, le PSOE et *Podemos*. De leurs résultats électoraux dépendra la modification de la constitution, que la droite du PP considère intangible.

Depuis 2011, il y a un blocage et une incommunication totale entre le pouvoir central et le gouvernement catalan. Alors que le Premier britannique, David Cameron a pu accorder un référendum avec Alex Salmon, portant sur l'indépendance de l'Écosse, rien de semblable n'a pu avoir lieu en Espagne. Et cela pour une raison assez simple à comprendre, il y a trois cents ans de démocratie au Royaume-Uni, et seulement 30 ans en Espagne.

Autrement dit, il n'existe pas de tradition démocratique en Espagne et cela se ressent par l'autisme du gouvernement central, face à une demande catalane. C'est une demande massive, pacifique, démocratique, et exemplaire que les médias du monde entier ont pu constater, et que le PP ne veut ni reconnaître ni comprendre. Le pouvoir central sera peut-être modifié en décembre 2015. Après l'irruption de la question catalane, la vie politique de l'État espagnol sera peut-être différente.

Le Parti populaire est pour le moment majoritaire dans le reste de l'État espagnol, mais il a subi en Catalogne un sérieux revers passant de 19 à 11 députés. C'est un échec pour le PP, aggravé par l'alternative de la nouvelle droite moderne et jacobine de *Ciudadanos*. Ce parti qui est né en Catalogne il y a 8 ans est dirigé par Albert Rivera. Il est passé de 7,5 % en 2012 à 18 % des voix et 25 sièges au parlement catalan, en récupérant les voix du PP. Il s'est converti en seconde force politique de Catalogne. Au niveau de l'État espagnol, ce nouveau parti, *Ciudadanos,* est crédité dans une enquête de 15% des intentions de vote.

Quant à *Podemos,* si en vogue en Europe, qui apparaissait comme le premier parti dans les sondages de janvier 2015 avec 28 % des intentions de vote, il semble aujourd'hui avoir un peu perdu de son dynamisme. De mars à mai 2015, les élections de l'autonomie andalouse et des 13 autres communautés autonomes ont donné à *Podemos* le rôle de parti de gauche radicale anti-austérité. En Andalousie, c'est la troisième force avec 15 députés au parlement autonome, et où la socialiste du PSOE, Susana Diaz peut gouverner avec *Podemos* et *Izquierda Unida.*

Lors des élections municipales de mai 2015, les victoires emblématiques de Ada Colau à Barcelone et de Manuela Carmena à Madrid sont apparues comme relevant davantage du mouvement des indignés, que de la structuration d'un nouveau parti de la gauche radicale.

Podemos est aujourd'hui crédité de 15% des intentions de vote, tout comme *Ciudadanos*. Tout se joue entre ces deux nouveaux partis. Le recul relatif de *Podemos* profite au Parti socialiste, alors que *Podemos* rêvait de dépasser le PSOE (*el sorpaso*).

La nouvelle orientation politique économique contrainte de Tsipras et de Syriza en Grèce a sûrement refroidi les électeurs, car la fermeture des banques grecques a frappé tous les esprits. De son côté, le gouvernement de droite du PP s'appuie sur les signes d'une reprise économique. Si elle se confirme, elle pourrait retenir les électeurs de voter en masse pour *Podemos,* et sa progression en serait freinée. C'est une aubaine pour le PSOE qui pourrait obtenir des résultats plus favorables.

Aux élections générales de décembre, le PP espère pouvoir obtenir entre 140 et 150 députés (la majorité absolue étant de 176 députés). Mais ce résultat paraît aujourd'hui compromis, car d'une part, le PP est très faible au Pays basque et en Catalogne et, d'autre part, il subira une forte concurrence de *Ciudadanos* dans les régions de Valence et de Madrid. Il aura donc beaucoup de mal à obtenir plus de 130 élus aux Cortès générales.

Le PSOE pourra mieux résister, car il dispose de bastions plus solides comme les résultats d'Andalousie l'ont montré en mars 2015. Il n'avait obtenu que 110 élus aux Cortès en 2010, et désormais il pourra en gagner davantage, alors que le PP en perdra des dizaines. Dans ces conditions, une éventuelle victoire se dessinera à gauche avec un PSOE réformiste, social-démocrate et fédéral et *Podemos* qui veut réformer la constitution. On peut supposer que les électeurs ne donneront plus de majorité absolue à un seul parti. D'un côté, l'alliance PSOE-*Podemos* semble, bien sûr, assez difficile à atteindre entre deux sensibilités de gauche très éloignées, mais pas tout à fait impossible. De l'autre côté, une alliance entre le Parti populaire post-franquiste et *Ciudadanos*, la nouvelle droite montante et néo-jacobine, favorable à un État central moderne et fort, peut devenir une réalité. Par conséquent, nous pourrions retrouver l'opposition traditionnelle entre une périphérie de plus en plus fédéraliste et un nouveau centralisme espagnol.

XXIII- Impressions du dernier voyage en Catalogne

Bretagne, novembre 2017

Le 25 octobre 2017, je prenais un vol Rennes-Barcelone, parce que je savais que c'était une semaine critique pour mon pays, qui allait officialiser son indépendance avec un vote du parlement catalan, à ses risques et périls. Après quelques mois d'absence, quel pays ai-je trouvé ? Pendant une semaine j'ai eu de nombreux contacts avec mes amis et des responsables politiques, de presque tous les partis : PdeCat (Parti démocratique de Catalogne, de centre droit), ERC (Gauche républicaine), CUP (anticapitaliste), *Podem* et PSC (Parti socialiste de Catalogne). Par contre, je n'ai eu aucun contact avec le PP (Parti populaire) ni avec C's (*Ciutadans*, un parti de droite et non du centre, comme on l'écrit en France).

Première observation, le pays semble très divisé, tout le monde le constate, mais il vit malgré tout un mouvement civique tout à fait nouveau. On le voit peut-être mieux dans ma position d'observateur extérieur et à la fois impliqué. En Catalogne, les gens sont pris dans une tourmente qui parfois les dépasse. Certains sont très fiers d'avoir pu voter l'indépendance, même si cela semble être plus symbolique que réel, et puis d'autres sont complètement déroutés et parfois apeurés. Tout cela semble normal dans un moment de crise politique aiguë.

Autre observation, ce mouvement de la société civile catalane (ANC et Omnium cultural, dont les deux présidents sont en prison), représente globalement les classes moyennes, c'est un mouvement citoyen solide et très bien organisé (une tradition qui vient certainement de la lutte antifranquiste); les partis politiques ne font que le suivre. Ce mouvement populaire a mis en évidence la position inflexible et répressive du gouvernement central de l'État espagnol du PP (droite dure). Lors du référendum (illégal, selon la constitution) du 1er octobre dernier, convoqué par la *Généralité de Catalogne*, nous avons vu les images d'une répression aveugle rappelant le passé franquiste, contre des gens, parfois âgés, qui voulaient tout simplement voter. Tout un symbole. Tous les démocrates catalans ont dénoncé ces faits, lors de la grande manifestation conjointe avec les syndicats, le 3 octobre 2017 à Barcelone.

Dans la matinée du 27 octobre 2017 le nouveau président de la *Généralité de Catalogne*, Carles Puigdemont a hésité entre la convocation d'élections anticipées au parlement de Catalogne, ou une Déclaration unilatérale d'Indépendance (DUI), il a opté pour cette seconde solution, soumis à de fortes pressions internes de sa propre formation politique, PdeCat (une grave erreur, selon mon opinion), et parce que Madrid avait de toute façon l'intention d'appliquer l'article 155 de la constitution espagnole, en préemptant la *Generalitat*. Dans l'après-midi, il y a eu la proclamation de la République catalane (pas de l'indépendance) et l'ouverture d'un processus constituant, votée et proclamée par le parlement de Catalogne, et non par le président, Carles Puigdemont.

Vers 15h45 la nouvelle se diffusait partout sur toutes les chaînes de télévision et les stations de radio. Une concentration de liesse occupait la place Sant Jaume, devant le palais de la *Generalitat*, alors que je me trouvais à Alella, sur la côte, au nord de Barcelone. Je n'ai pas noté de réaction populaire dans cette petite ville ni ailleurs. Tout paraissait normal. Au fond de moi, j'imaginais autrement l'avènement de la République, moi, le fils de républicain catalan. Six heures après la proclamation de la République catalane, et avec l'accord du sénat où le Parti populaire est majoritaire, Mariano Rajoy, le chef du gouvernement central supprimait la proclamation et suspendait la *Généralité de Catalogne,* en la plaçant sous tutelle, et en contrôlant toutes les *conselleries* (l'équivalent des ministères), depuis Madrid, avec l'application de l'article 155 de la constitution.

Dimanche 29 octobre, sur le *passeig de Gràcia* de Barcelone, une grande contre-manifestation a soutenu l'application de l'article 155, et a réconforté tous ceux qui sont opposés à l'indépendance catalane, qu'ils soient de droite (PP et C's) ou de gauche (PSC et Podem). Ce dimanche a été une journée étrange, car chargée d'appréhensions et de menaces, avec la tenue de réunions de tous les partis politiques et dans de nombreuses villes catalanes; je me trouvais à Sabadell, une ville industrielle, près de Barcelone, où la CUP (anticapitaliste) se réunissait. Lundi 30 octobre, me trouvant à Figuères, près de la frontière avec la France, j'étais réuni avec des représentants de la gauche indépendantiste et de *Podem* (le *Podemos* catalan) qui ensemble me manifestaient leurs espoirs et leurs craintes, face à la violence d'un État central de la droite espagnole, qui n'a pas soldé son passé franquiste. Précisons que, si le Front national n'existe pas en Espagne, c'est parce que l'extrême droite franquiste est une des tendances internes du Parti populaire.

Curieux paradoxe, vers 16h, alors que nous étions avec mes amis dans un restaurant près de l'autoroute qui conduit vers la France, le président Puigdemont y roulait vers Marseille, et prenait un vol pour Bruxelles, à ce moment-là, nous l'ignorions. La situation de conflit politique continue, avec les indépendantistes catalans, d'un côté, et les mesures juridiques et policières du gouvernement de Madrid, de l'autre. Il y a d'un côté, un pacifisme à la Gandhi et un projet inouï, et de l'autre, un blocage institutionnel, juridique et policier disproportionné de l'État. Un combat inégal entre David et Goliath.

Pour le moment, nul ne sait qui l'emportera des deux légalités, celle d'un l'État centraliste qui possède la force et la constitution, ou celle d'une volonté d'indépendance de la moitié de la population catalane (non pas d'une région, comme les commentateurs français continuent à le croire, mais d'une nation, comparable à celle de l'Écosse ou du Pays de Galles) ; une situation totalement inédite en Europe, que certains espèrent, mais qui n'a que la force des urnes et de la démocratie. Si les élections ont lieu, et si le bloc indépendantiste l'emporte, je crains que le président du gouvernement central de Mariano Rajoy, ne respecte pas ce résultat (car il n'a pas la culture démocratique du pacte, si chère aux Catalans), et que le conflit continue, sous d'autres formes. L'État espagnol est au pied du mur, et tout cela à cause ou grâce à la petite, audacieuse et courageuse Catalogne.

XXIV- Catalogne: et maintenant, que fait-on?

Barcelone, décembre 2017

Ce petit pays, la Catalogne, a depuis quelques mois réussi la prouesse de se faire connaître, à propos d'une question que de nombreux observateurs considéraient subalterne ou dépassée. Eh bien l'on constate que l'indépendance proclamée par le parlement de Catalogne le 1er octobre 2017 est une question qui intéresse beaucoup de monde, dans de nombreux pays, bien plus qu'on ne pouvait l'imaginer.

Ainsi donc, les élections du 25 décembre, au parlement de Catalogne (auxquelles j'ai pu participer) étaient convoquées par le gouvernement central du Parti populaire (PP), et non par le président de la *Généralité de Catalogne*, conformément au règlement, ont été finalement gagnées par ceux que Mariano Rajoy, prétendait vaincre et discréditer. Quel paradoxe, Rajoy, le chef du gouvernement de la droite espagnole qui, pendant cinq longues années, s'est désintéressé de la demande démocratique catalane est venu faire campagne en Catalogne pendant cinq jours. Et il a lamentablement perdu son pari. Quels sont les résultats de ces élections, qui ont pris la forme d'un plébiscite, pour ou contre l'indépendance ?

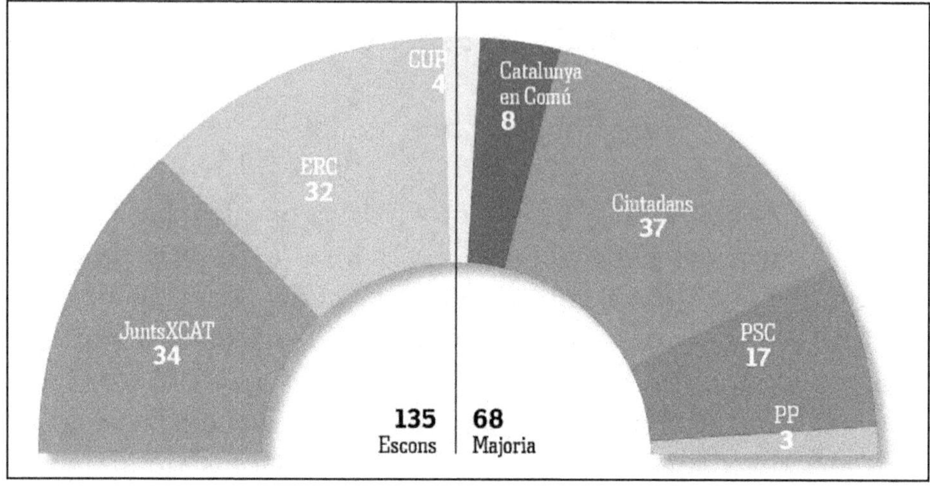

Le mot *"escons"* signifie sièges.

© Graphique du journal barcelonais *ARA*, du 26 -XII-2017.

Première observation: les deux grandes formations indépendantistes JxCat et ERC ont gagné ces élections. *Ensemble pour la Catalogne* (JxCat) du président en exil en Belgique, Carles Puigdemont (formation de centre droit), et la *Gauche républicaine de Catalogne* (ERC) d'Oriol Junqueras, emprisonné à Madrid (parti de centre gauche), et les CUP (Candidatures d'Unité populaire, groupe anticapitaliste et indépendantiste), peuvent former un gouvernement (grâce aux 34 députés de JxCat, les 32 d'ERC, et les 4 députés des CUP. Au total 70 sièges), la majorité étant de 68 députés.

Mais le fait que le président et le vice-président de la *Généralité de Catalogne,* qui ont été démocratiquement élus, se trouvent dans cette situation étrange et injuste est complètement incompréhensible et inacceptable dans n'importe quel pays démocratique, qui plus est, un pays membre de l'Union européenne.

Seconde observation: le grand perdant de cette élection au parlement de Catalogne est le Parti populaire, le parti de la droite traditionnelle espagnole (qui contient en son sein une fraction d'extrême droite, les ex-franquistes). Cette droite conservatrice espagnole, dirigée par Mariano Rajoy, gouverne à Madrid, et c'est elle qui a convoqué ces élections, tout en préemptant les droits de l'autonomie catalane, grâce à l'application drastique de l'article 155 de la constitution, qui permet de les contrôler depuis Madrid. Mais les résultats électoraux de décembre dernier représentent un désaveu cuisant pour le président Rajoy lui-même, puisque son parti est passé de 19 députés en 2012, à 11 députés en 2015, et à 4 députés, en 2017. Jamais ce parti n'avait connu une telle descente aux enfers, et n'avait eu d'aussi mauvais résultats en Catalogne, où d'ailleurs, il n'a jamais eu un rôle très significatif.

Troisième observation: le jeune parti *Ciutadans, Ciudadanos* en castillan (Cs, Citoyens) fondé en 2006 par le juriste Albert Rivera, âgé de 38 ans, et représenté en Catalogne par l'avocate andalouse, Inés Arrimadas, de 36 ans, a gagné ces élections au parlement de Catalogne avec 36 députés, mais elle ne peut pas former de gouvernement, même si le président Rajoy préfère d'abord parler avec elle, au lieu de le faire avec les indépendantistes. La victoire de *Ciudadans* et d'Inés Arrimadas, n'évite pas la majorité indépendantiste, qui pourra former un gouvernement. Il faut tout de même reconnaître que *Ciutadans* a connu une progression fulgurante, puisqu'en 5 ans, ils ont obtenu 9 députés en 2012, 25 députés en 2015, et maintenant, fin 2017, 36 députés.

Qui sont donc ces *Ciutadans*? Contrairement à ce qu'en pense l'ex-Premier ministre français, Manuel Valls, ils ne sont pas du tout comme *Les républicains en Marche*, d'Emmanuel Macron, même s'ils procèdent du chamboulement général de 2017. À l'origine, en 2006, ils se sont sans doute inspirés du *Mouvement des Citoyens* de Jean-Pierre Chevènement, surtout pour ce qui est de la conception jacobine et centraliste de l'État républicain français, mais l'Espagne n'est pas la France. *Ciutadans* aime se définir comme un parti libéral, soi-disant progressiste, mais leurs prises de position, et leur pratique politique les conduit vers un nationalisme espagnol virulent, et des politiques nettement de droite.

Ciutadans défend les libertés individuelles et l'égalité entre les citoyens, mais afin de nier les droits des Basques et des Catalans. Ils sont contre le système des autonomies. Ils doublent ainsi le Parti populaire sur leur droite, surtout en ce qui concerne la question identitaire et nationaliste. Par conséquent, ce n'est pas un parti de centre, mais bien de droite libérale, Les commentateurs français finiront bien un jour par s'en rendre compte.

Quatrième observation: ces élections au parlement autonome de Catalogne ont déplacé et remplacé la question sociale (et l'opposition droite/gauche) par la question nationale et identitaire. Nationalisme catalan contre nationalisme espagnol. Pour la Catalogne, il est vrai qu'il s'agit d'un nationalisme civique et non ethnique (la formation politique de Puigdemont, JxCat, ne veut pas reproduire un État-nation comme ceux qui existent en

Europe, mais un État d'un type nouveau, sans les prérogatives régaliennes des États traditionnels, par exemple, pas d'armée). Avec ERC, il semble se produire un glissement à gauche du nationalisme catalan.

L'ancienne *Convergència i Unió,* de centre droit de Jordi Pujol, qui a gouverné l'autonomie catalane de 1980 à 2003, puis d'Artur Mas de 2010 à 2016, est devenue, avec Carles Puigdemont, un mouvement constitué par la classe moyenne citadine et rurale. Ainsi, on ne peut plus faire une analyse politique traditionnelle, droite/gauche, car les lignes d'opposition se sont déplacées, et ont été brouillées par des médias espagnols.

Ces derniers ont appuyé et favorisé le succès d'Inés Arrimadas et de *Ciutadans.* La grande finance espagnole a désormais choisi son camp, en soutenant avec d'énormes moyens l'option *Ciutadans-Ciudadanos,* au détriment du PP, qui est compromis dans des affaires de corruption considérables.

À mon avis, après ces élections, si le nouveau gouvernement de Catalogne veut ouvrir des perspectives nouvelles, il ne devrait pouvoir se passer de l'appui des CUP (*Candidatures d'Unité populaire*) qui tendent à accélérer et à radicaliser le mouvement; il devrait calmer le jeu et rechercher d'autres alliances, d'autres stratégies, au-delà des classes moyennes citadines et rurales, d'autres issues politiques sur de nouvelles bases sociales plus larges.

À partir des résultats électoraux et des implications qu'ils suggèrent, on peut imaginer les perspectives qui s'ouvrent aux formations indépendantistes, puisque ce sont surtout elles, qui vont devoir trouver des solutions nouvelles et gouverner le pays dans un contexte politique très difficile. C'est une étape nouvelle qui s'ouvre et qui va demander une intelligence toute particulière, étant donné que le gouvernement de droite de Mariano Rajoy, n'est pas du tout préparé à cela, bien au contraire.

Aux yeux de l'histoire, il faut reconnaître que la démocratie espagnole est récente, elle n'a que quarante années derrière elle, de plus, il y a le frein d'une tradition franquiste qui pèse lourdement sur le Parti populaire et sur les électeurs de l'Espagne profonde et traditionnelle, car lors de la transition démocratique de 1978, les grands appareils d'État (au sens du philosophe marxiste, Louis Althusser) ont continué à être dominés par les ex-franquistes.

De son côté, le PSOE (*Parti Socialiste Ouvrier espagnol*, de Felipe Gonzalez et de Rodriguez Zapatero) a été plus ouvert aux idées sociales et novatrices, car en contact avec les partis sociodémocrates européens, il a notamment réussi l'adhésion de l'Espagne à l'UE, mais il est soumis, lui aussi, à la pression et aux avatars du manque général de culture démocratique, dans le reste de l'Espagne. On est malheureusement très loin des trois siècles de la tradition démocratique anglo-saxonne, ou des deux siècles de la France.

Les indépendantistes ont devant eux de grands changements à opérer et des défis à relever. Nous imaginons trois axes probables: relâcher la tension en déterminant les étapes de l'indépendantisme; rechercher de nouvelles alliances et des accords politiques; réussir à établir un dialogue avec l'État central, c'est-à-dire, forcer Rajoy et son gouvernement à négocier, quitte à admettre le respect de la voie légaliste, visant une modification de la constitution espagnole de 1978. Leur tâche est considérable et difficile. Sera-t-elle possible à réaliser ? S'il y a quelque chose que les militants indépendantistes ont appris ces derniers temps, c'est qu'ils doivent relâcher le rythme de leurs revendications (sans y renoncer); ils devraient abandonner la *Déclaration unilatérale de l'Indépendance* (DUI), car elle n'a conduit qu'à l'affrontement contre l'État espagnol. Ils ont découvert qu'ils avaient devant eux des forces répressives considérables et aveugles. Ils ignoraient qu'une telle répression pouvait encore exister en plein XXIe siècle, et qu'elle pouvait même s'abattre sur des personnes âgées, eux qui pratiquent la non-violence. Ceux qui ont connu le franquisme sont bien moins surpris.

C'est la volonté et la détermination du peuple catalan, qui est allé voter le 1er octobre 2017, ce qui a révélé au grand jour, et devant le monde entier, le tréfonds des forces répressives de l'État espagnol. Donc, à partir de maintenant, les stratèges de l'indépendantisme savent à quoi s'en tenir, ils doivent réfléchir sérieusement à l'échelonnement des étapes conduisant à leur objectif, en tenant compte des contraintes imposées par l'État et par l'Union européenne, peu favorable à de telles expérimentations.

En second lieu, une nouvelle stratégie est nécessaire et réclame une ouverture vers les forces politiques catalanistes, mais pas indépendantistes, en vue d'une recherche de nouvelles alliances, afin de pouvoir sortir de la situation de blocage actuelle. D'autant que les partis indépendantistes plafonnent à 47,5 % de la population catalane et semblent se stabiliser à ce niveau. Ce qui représente malgré tout un peu plus de 2 millions d'électeurs sur un total de 5,5 millions. Dans un premier temps, l'ouverture pourrait se faire, en direction de *Podem* (8 députés) l'équivalent en Catalogne de *Podemos,* une formation comparable à la gauche radicale grecque de Cyriza ou **La France insoumise.** En principe, *Podem/Podemos* est favorable à un État plurinational et souhaite la modification de la constitution espagnole, afin de permettre la célébration d'un référendum légal. Par conséquent, il existe une possibilité de rapprochement entre eux et les indépendantistes, même si, pour le moment, *Podem* refuse tout accord. Par contre, un accord avec le PSC (socialistes catalans, 17 députés) serait plus difficile à obtenir, il faudrait pour cela que ces derniers coupent leur relation douteuse, avec la droite espagnoliste de *Ciutadans* et du PP catalan.

La polarisation entre les deux extrêmes: indépendantistes catalans et nationalistes espagnols, ont conduit les forces politiques de gauche dans une situation de grande faiblesse. Elles se trouvent prises en tenailles. Aussi bien *Podem* que, dans une autre mesure, des socialistes catalans. En même temps, que cette polarisation a occulté les questions sociales, elle a écarté et diminué le rôle des forces de gauche. Les causes de cette situation néfaste pour la gauche sont diverses. Elles remontent à la décision du Tribunal constitutionnel espagnol (équivalent du Conseil Constitutionnel français), qui, en 2010, annula le second Statut d'autonomie de la Catalogne (autant pour le refus du terme «nation» que pour les nombreuses lois progressistes à contenu social). Ce statut avait été voté en 2006 par le parlement catalan, par les *Cortès* espagnoles et par le sénat de Madrid, sous le gouvernement socialiste de José Luis Rodríguez Zapatero (qui gouverna durant deux mandats de 2004 à 2011).

Puis, avec l'arrivée au pouvoir de Mariano Rajoy, en 2011, ce fut d'abord le silence, ensuite le blocage et l'absence totale de propositions, qui ont fini par provoquer l'exaspération, et la montée en puissance de l'indépendantisme, ceci autant pour des raisons nationales que sociales. Comme nous l'avons vu, avant 2012, le mouvement indépendantiste n'existait presque pas, du moins de cette façon massive.

C'est un mouvement qui n'existe que depuis cinq ans, et c'est l'attitude de Mariano Rajoy et du PP, qui l'a essentiellement provoqué. Mais, à partir de là, en conséquence ou en réaction, la force de ce même mouvement a secrété et provoqué, à son tour, une crainte grandissante, puis un vote nationaliste espagnol qui, lui non plus, n'existait pas. *Ciutadans* a parfaitement capitalisé cette réaction, ce qui explique leur victoire actuelle.

Il en est de même pour la question récurrente d'*un pays coupé en deux,* entre indépendantistes et non-indépendantistes. Qu'en est-il réellement? Les premiers sont favorables une stratégie d'intégration et de cohésion sociale; et ils se défendent d'avoir provoqué la désunion; ils croient que l'unité pourra être récupérée. Par contre, les seconds, ceux qui regrettent la désunion du peuple catalan, considèrent que la coupure est très profonde et grave, qu'elle va perdurer; ils pensent que les indépendantistes en sont responsables. La question est essentielle, car depuis la transition des années 80, l'unité des Catalans d'origine, et ceux qui venaient du reste de la péninsule (près de la moitié de la population catalane) formaient un seul et même peuple, et l'on considérait que la force de la Catalogne provenait de son unité.

Or, ce qui était une réalité tangible et durable pendant 40 ans, grâce surtout à un catalanisme tolérant et ouvert des forces de gauche (PSC, *Iniciativa-Verts*), ne l'est plus aujourd'hui. *Ciutadans* a récupéré les électeurs complètement perdus et désorientés de ces deux formations de gauche, surtout ceux des quartiers populaires de la ceinture ouvrière de Barcelone (*Nou barris. Santa Coloma de Gramanet, L'Hospitalet, Cornellà, etc..*). Les dommages politiques pour la gauche sont considérables, et l'on peut penser qu'il sera très difficile de recomposer l'unité antérieure.

Dernier point, l'ouverture de négociations avec le pouvoir central de Madrid et avec le gouvernement de Rajoy, semble plus que jamais difficile à atteindre, surtout à cause de l'attitude négative et hautaine de blocage de Madrid. Rajoy devrait abandonner son attitude de déni agressif, très peu conforme avec les principes démocratiques européens. Il doit abandonner les poursuites judiciaires, respecter la séparation des pouvoirs, car le problème n'est pas du tout juridique, et encore moins répressif, mais essentiellement et uniquement politique. Peut-il ou bien va-t-il rectifier ? Rien n'est moins sûr, car il n'a aucune porte de sortie honorable.

C'est sans doute le point d'achoppement de la crise

politique en cours. Ce blocage dure depuis au moins cinq longues années, sans que le pouvoir central de Mariano Rajoy n'ait daigné proposer une quelconque rencontre pour trouver une solution. Son incapacité est flagrante. À mon avis, les indépendantistes ne sont pas le problème, mais bien le chef du gouvernement espagnol, Mariano Rajoy lui-même, et lui seul, il est encore le représentant des 5 pouvoirs de l'État espagnol, qui ne sont pas toujours complètement séparés : pouvoir législatif, exécutif, judiciaire, économique et médiatique. Jusqu'à quand ?

Par conséquent, puisqu'il est incapable de trouver une solution à cette crise, il faudra bien que quelqu'un d'autre la trouve. Il faudra bien que tôt ou tard, et d'une façon ou d'une autre, des changements politiques décisifs interviennent au niveau de l'État espagnol, sans quoi, la situation ne pourra qu'empirer au niveau même de l'État espagnol. C'est désormais l'Espagne qui est profondément atteinte par la crise catalane; une crise qu'elle a elle-même provoquée, par l'inaptitude politique de ses dirigeants, et leur manque de culture démocratique.

Pour autant, désormais nous ne pouvons plus ignorer le pouvoir de nuisance du gouvernement de Madrid, aux mains d'une droite primitive, brutale et archaïque (souvent qualifiée de post ou de néofranquiste) et pour cela même, dangereuse pour la Catalogne et pour la démocratie. Certains observateurs pleins d'imagination pensent que les indépendantistes catalans ont, sans le vouloir, *"réveillé la bête"*, qui dormait au palais de la Moncloa.

Et maintenant que fait-on ? Au-delà des péripéties et des atermoiements que le gouvernement de Madrid, et sa justice aux ordres (la séparation des pouvoirs n'ayant pas été respectés), imposent aux nouveaux représentants élus au parlement de Catalogne, ce sont désormais toutes ces questions de fond qu'il faudra tôt ou tard se poser, et surtout, essayer d'y répondre du point de vue politique et démocratique.

Un dernier mot au lecteur

Au moment de boucler ces pages (septembre 2018), un dernier rebondissement imprévu est survenu à Madrid avec la chute du gouvernement de Mariano Rajoy, après une motion de censure présentée par le socialiste, Pedro Sanchez, le 1er juin 2018. Contre toute attente, et contrairement à mes propres spéculations, il ne faudra pas attendre les prochaines élections de 2019 pour voir tomber le gouvernement du Parti populaire de Rajoy, puisque c'est déjà un fait. À ce propos, j'écrivais il y a quelques mois *qu'il faudrait bien que tôt ou tard, et d'une façon ou d'une autre, des changements politiques décisifs interviennent au niveau de l'État espagnol"*. Eh bien, ces changements se sont produits d'une façon imprévisible, mais après tout, le plus important est qu'un débat s'instaure et que la situation de crise soit abordée et résorbée.

Ce qui ne signifie pas que, pour la Catalogne, le futur se soit pour autant éclairci. La faiblesse du nouveau gouvernement du PSOE est tellement évidente, qu'il a très peu de chances de pouvoir changer les perspectives et proposer des solutions solides, dans le contexte de crise profonde que l'Espagne traverse en ce moment. Il ne pourra manœuvrer qu'à la marge, en favorisant un dialogue, qui n'aurait jamais dû être refusé. Chacun campera sur ses positions.

De futures élections seront certainement nécessaires en 2019, et les augures d'un triomphe électoral de *Ciudadanos* (parti de la droite moderne et jacobine espagnole) ne prévoient pas du tout, l'éventualité d'un dénouement favorable à la Catalogne. Bien au contraire.

En tout état de cause, après la lecture des derniers chapitres de ce livre, j'ose espérer que les lecteurs français pourront mieux comprendre le drame identitaire profond que le peuple catalan traverse en ce moment. Ils comprendront aussi le sens du combat pour la liberté et la démocratie qu'il mène, de façon exemplaire, populaire et surtout pacifique.

Ils auront également ressenti tout ce qui me relie à lui, tout ce que représente pour moi, la Catalogne, un pays si proche de la France, ce petit pays qui est le mien. Un petit pays de sept millions et demi d'habitants qui est non seulement beau et même splendide du point de vue de ses paysages (avec une Méditerranée gorgée de soleil et des Pyrénées aux cimes enneigées), mais aussi, et surtout qui possède un peuple admirable, culturellement et humainement. Un pays auquel je suis fier d'appartenir, et que je voulais vous faire découvrir, surtout par ces temps où l'on en parle tant.